史上最強の投資家

バフェットの教訓

THE TAO OF WARREN BUFFETT

逆風の時でもお金を増やす125の知恵

メアリー・バフェット＆デビッド・クラーク
Mary Buffett & David Clark
峯村利哉 訳
Toshiya Minemura

徳間書店

THE TAO OF WARREN BUFFETT
by
Mary Buffett & David Clark

わたしたちの親友でありバフェット学の同志でもある
ボブ・アイゼンバーグに捧ぐ

本書には、執筆者両名の意見とアイデアが含まれている。本文中で言及した株、会社、事業に対し、〝買い〟もしくは〝売り〟を推奨するものではない。本書の刊行にあたって執筆者両名と出版元は、法律、会計、投資、その他の専門サービスを提供しない旨を確認し合っている。法律は州ごとに異なっており、取引によっては連邦法が適用される場合もある。もし読者が専門的な利殖指南や法律相談を必要とするなら、有能なプロフェッショナルの門を叩くべきである。執筆者両名と出版元は、本書内の情報の正確性を保証するものではない。

また、本書の内容の使用もしくは適用により、直接的もしくは間接的に、業務面もしくはその他の面で、いかなる負債、損失、リスクが発生しようと、執筆者両名と出版元がいっさいの責任を負わないことをここに明示しておく。

はじめに

世界で最も成功した投資家であり、いまや世界で最も偉大な慈善家でもあるウォーレン・バフェットは、一九八一年から一九九三年までの十二年間、わたしにとっては義理の父親だった。

わたしがウォーレンの息子ピーターと結婚した当時、まだウォーレン・バフェットの名前はウォール街以外ではほとんど知られていなかった。結婚してすぐ、わたしはネブラスカ州オマハのバフェット邸を訪れた。オマハの屋敷には、ウォーレンを師と仰ぐ熱心な弟子の小集団が出入りしており、〝バフェット学の徒(バフェットロジスト)〟を自称する彼らは、巨匠から投資の極意を学びとろうとしていた。

本書の共著者デビッド・クラークも、このときに出会ったバフェットロジストのひとりだ。当時デビッドは、大投資家の叡智をノート数冊にびっしりと書き留めていた。そして、何度読んでも飽きないこれらのノートは、のちのち、わたしとデビッドが投資本三作を執筆する際の礎となってくれた。幸いにも『バフェットロジー』、『億万長者をめざすバフェットの銘柄選択術』、『ニュー・バフェットロジー』はベストセラー・リストに入り、現在では中国語とロシア語を含めた一〇カ国語で出版されている。

デビッドのノートの中でも、わたしがいちばん好きな一冊には、ウォーレンの意味深長な警句があふれていた。これらの警句は読み物としても秀逸だった。なぜなら、読み手の真の思考能力が試されるからだ。わたしもあとになって気づいたのだが、バフェットロジストにとってウォーレンの警句は、道教の師の教えに似ていた。弟子が深く考えれば考えるほど、見えなかったものが見えてくるという仕掛けだ。

わたしは遅ればせながらウォーレンの警句を集め始めた。家族が集まるプライベートな席でも、ビジネス界の名士が集まる社交の場でも、ウォーレンはしばしば議論に参加し、まるで教師の中の教師というように振る舞い、忍耐強い生徒たちに大いなる知恵で報いていたのだ。

彼の話を聞けば聞くほど、投資に関してだけでなく、ビジネス全般に関しても人生に関しても、わたしの知識は深まっていった。ウォーレンの警句の特徴は、習得者の血となり肉となるという点。じっさい、いまのわたしは自分の論点を強調したいとき、ほとんど無意識のうちに彼の警句を引用していることが多い。上昇相場の熱気に巻き込まれそうなときなどは、自分に対する戒めとして彼の警句を思い起こすこともある。また、注目すべき企業を選定する際や、投資のタイミングを決定する際にも、わたしはずっと彼の警句の力を借りつづけてきた。

ウォーレンの教えからにじみ出る道教的精神は、わたしとデビッドに本書の構想をひらめかせた。投資、経営、キャリア選択、そして人生——これらの分野で役に立ちそうな彼の警句を厳選し、一冊の本にまとめあげるのは、楽しい作業になるだろうと思われた。じっさい、わたしたちは何年ものあいだ、ウォーレンの言葉を真の友としながら、人生を歩み、ビジネスを進め、投資での成功を模索してきたのだ。本書では、ウォーレンの警句を紹介しながら、わたしたちのバフェット学（バフェットロジー）的解釈をほどこしている。開かれた文脈の扉からさらなる探求へ踏み出し、警句の隠れた意味や微妙な含みを汲み取ってほしい。

本書を通じてあなたの世界が豊かになってくれれば——投資の面でも、仕事の面でも、人生の面でも、喜びと利益に満ちた場所となってくれれば、幸いである。

メアリー・バフェット

史上最強の投資家

バフェットの教訓

逆風の時でもお金を増やす

125の知恵

目次

はじめに――3
リッチになる方法と、リッチでいつづける方法――11
ビジネスの覚悟――47
恩師を持つこと――71
学ぶとは何か――81
リーダーの条件――87
あなたが避けるべき人々――105
分散投資をしない理由――115
規律正しさ、思慮深さ、忍耐強さ――125

強欲の罠——135
売り時と去り時——145
注意すべきあやまち——159
あなたの能力範囲——165
あなたが支払う価格——183
株式市場の愚かさを利用せよ——195
謝辞——223
訳者あとがき——225

装幀――――熊澤正人＋中村　聡（Power House）
写真――――© Najlah Feanny/Najlah Feanny/Corbis

リッチになる方法と、リッチでいつづける方法

No. 1

ルールその一、絶対に金を損しないこと。ルールその二、絶対にルールその一を忘れないこと

リッチになりたいなら、財産を複利で運用する必要がある。このとき、元手は多ければ多いほどよい。

たとえば、元手一〇万ドルを一五パーセントの一年複利で運用していくと、二十年後、総額は一六三万六六五三ドルにふくらみ、一五三万六六五三ドルの利益がもたらされる。

しかし、何らかの理由で最初に九万ドルを失い、投資の元手として一万ドルしか用意できなかった場合、二十年後の総額は一六万三六六五ドル、利益は一五万三六六五ドルにとどまる。これは、前の例とは比較にならないほど小さな数字と言える。

つまり、初期段階で金を損すれば損するほど、将来のあなたの利益獲得能力に、より大きな悪影響が及ぼされてしまうわけだ。ウォーレンはこの点を決して忘れず、自分を戒めるために、億万長者になったあとも、長いあいだ旧式の〈フォルクスワーゲン・ビートル〉に乗りつづけたのである。

No.2

わたしが初めて投資を行なったのは十一歳のとき。それまでは人生を無駄に過ごしていたわけだ

一生の仕事を見いだす時期は早いに越したことはなく、投資の世界では、若くして天職とめぐりあえた者に絶大なるチャンスがもたらされる。「複利」という名の魔法は、時間が長ければ長いほど、より高い効果を発揮しうるからだ。人生の早い時期には、一か八かの勝負に出るべきではない。これからまだふんだんに時間が残っているのだから、若いうちの賢い決断を、将来の利益に結びつければよいのだ。

ウォーレンが十一歳のときに買ったのは、〈オイル・サーヴィシズ〉という石油会社の株だった。三八ドルで三株買ったところ、株価はみるみる二七ドルまで下落したが、売りたくなる気持ちを何とかこらえていると、株価はふたたび上昇に転じた。

結局、若きウォーレンは四〇ドルで三株を売却したものの、その直後に株価は二〇〇ドルまで急騰した。彼はこの出来事から、投資における第一の教訓を学びとった。それは「忍耐」である。正しい株を選ぶという大前提さえクリアしたなら、あとは果報を寝て待つだけでよいのだ。

No.3

法外な買値や売値を提示することを、決して恐れてはいけない

ウォーレンが看破しているとおり、人々は高すぎる売値を提示したとき、もしくは、低すぎる買値を提示したとき、相手に鼻白まれるのではないかという恐れを抱く。誰だって、がめつく見られたくはないし、また、けちくさく思われたくもないからだ。しかし、ビジネスの世界では、売却時にどれだけの金額を受けとることができるか、もしくは、購入時にどれだけの金額を支払わなければならないか、という点が損と得との分かれ目となる。ここでの振る舞いが、最終的なふところの暖かさを決定づけるのだ。

高すぎる売値を提示しても、先方との交渉の過程で下げていけばよい。低すぎる買値は、交渉の過程で上げていけばよい。しかし、忘れてはならない。いったん提示した低い売値を、交渉の中で上げていくことは不可能であり、いったん提示した高い買値を、交渉の中で下げていくことも不可能なのである。

じっさいウォーレンは、価格の折り合いがつかないという理由で、数多くの交渉から手を引いてきた。最も有名な例は、〈ＡＢＣ〉買収をめぐる、メディア会社〈キャピタル・シティーズ〉との取引だろう。

ウォーレンは、当時小さなケーブルテレビ会社だった〈キャピタル・シティーズ〉と組んで三大ネットのＡＢＣを買収する話を進めていたが、出資金に見合う量の株が配分されないとわかると、早々に交渉を打ち切った。すると翌日、〈キャピタル・シティーズ〉側は白旗を揚げ、ウォーレンが望むとおりの条件を呑んだのであった。とにかく、条件を提示しなければ話は始まらない。受諾されるにせよ、拒絶されるにせよ……。

No.4

悪い人と良い取引はできない

悪人はしょせん悪人であり、悪い人と良い取引をしたいと思うほうが間違っている。世界には正直な善人がいくらでもいるのだから、不正直な人とビジネスをするのは愚行以外の何物でもない。

「この人物は信頼するに足るのだろうか?」と自問するようなはめに陥ったなら、ただちに交渉の席を離れ、パートナーにふさわしいもっと正直な会社を探すべきである。飛行機から跳び出す寸前に、パラシュートの開き具合が気にかかるようでは、おちおちスカイダイビングなどやっていられない。

これと同じで、共同事業を立ちあげる寸前に、相手の誠実さが気にかかるようでは、おちおちビジネスなどやっていられない。現時点で信頼できないなら、将来も信頼できるようにはならないだろう。そんな相手を無理に信頼しようとする必要がどこにある?

この教訓をウォーレンが痛感したのは、〈ソロモン・ブラザーズ〉証券の取締役を務めているときだった。

ウォーレンの警告にもかかわらず、〈ソロモン〉は、メディア界に君臨するロバート・マクスウェルとの取引を続けた。東欧出身のマクスウェルはその綱渡り的な財政運営の手法から、〝お騒がせチェコ人〟と呼ばれていたが、折りもあろうに不慮の事故で突然他界すると、〈ソロモン〉は大混乱のまっただ中へ放り込まれた。すでに大量の資金をマクスウェル帝国に投じていたからだ。〈ソロモン〉はたちまち、投下資金を回収するために奔走せざるを得なくなった。

法則は単純明快だ。誠実な人には、ふだんから誠実な行動をとる傾向が見られ、不誠実な人には、その傾向が見られない。両者を混同しないことが肝要である。

No.5

この国の大金持ちは、五〇社のポートフォリオ投資で財を成したわけではない。彼らの莫大な個人資産は、ひとつの優良ビジネスを突き詰めることによって築かれてきた

アメリカじゅうの超大金持ちをくまなく調査してみるといい。ほぼ例外なく、彼らの財産はひとつのすぐれた事業を通じて形成されているはずだ。ハースト家は出版で財を成した。ウォルトン家は小売、リグリー家はチューインガム、マーズ家はキャンディ、ゲイツ家はソフトウェア、クアーズ家とブッシュ家は醸造——というふうに、このリストは際限なく続く。

そして、巨万の富をもたらしてくれた優良ビジネスから逸脱した場合、彼らはほぼ例外なく財産を食いつぶすはめに陥ってきた。映画ビジネスに参入した〈コカ・コーラ〉のように……。

ウォーレンが投資の世界で成功してこられたのは、優良ビジネスの経済特性を正確に識別する能力がそなわっていたからだ。ここで言う「優良ビジネス」とは、揺るぎない競争優位性を、消費者の心の一部に食い込む形で保有している事業のことだ。たとえば、わたしたちはガムと聞くと、すぐさま〈リグリーズ〉の名前を思い浮かべる。ディスカウントストアなら〈ウォルマート〉、冷たいビールなら〈クアーズ〉や〈バドワイザー〉である。

こういう特別な位置づけは、高名な各企業に強い競争力と収益をもたらすのだが、近視眼的な性格を持つ株式市場は、ときとして優良事業を不当に過小評価《アンダーバリュー》してしまうことがある。

この点をよく理解しているウォーレンは、実際に過小評価が発生すると、おもむろに市場へ繰り出し、資金が許すかぎり当該株を買い集める。ウォーレンの持株会社〈バークシャー・ハサウェイ〉は、アメリカの一級ビジネスの数々を、株式という形で部分所有しているとも言える。きわめて収益性の高いこれら超優良企業の株はすべて、ウォール街が見向きもしなかった時期に購入されたものである。

No.6

いったん交わした契約は反故《ほご》にできないのだから、サインをする前に、考慮すべきことはすべて考慮しておきなさい

契約書にサインした時点で取引が成立するという事実を、ウォーレンは身をもって学んできた。いったん署名してしまえば、もう後戻りはできないし、良い取引なのか悪い取引なのかを再考することもできない。だから、サインをする前に、考慮すべき点はすべて考慮しておく必要があるわけだ。

しかし、これは口で言うほど簡単ではない。現物の契約書が鼻先に突きつけられたとき、取引を成立させるということが第一義となってしまい、しばしば健全な理性を吹き飛ばしてしまう。

重要なのは、署名を行なう前に、最悪の事態を想定することである。なぜなら、最悪の事態になる可能性が低くないからだ。善意という名の道には、予測可能なトラブルが敷き詰められている。旅立つ前に熟考を重ねておけば、トラブル対処のために熟考を重ねる必要はなくなるだろう。

ウォーレンは八十九歳のローズ・ブラムキンから、オマハにある〈ネブラスカ・ファニチャー・マート（NFM）〉を買い取ったことがある。これは家具類を扱う大型安売り店で、一店舗ながらも多大なシェアを持っていた。

買収する際、ウォーレンは契約書に非競争条項を入れ忘れた。経営陣に残っていたミセス・ブラムキンは、数年後、店の変わりように激怒し、〈NFM〉ときっぱり縁を切っただけでなく、〈NFM〉の向かいに新しい家具店を開き、〈NFM〉の商売に大打撃を与えた。

激しい競争にしばらく苦しんだのち、ウォーレンはとうとう白旗を掲げ、新しい店を五〇〇万ドルかっきりで買い取ることに合意した。

二度目の契約のとき、非競争条項をきちんと入れておいたのは、ウォーレンにとって幸運であった。何しろ、ミセス・ブラムキンは百三歳まで活躍しつづけたのだから。

No.7

トラブルから抜け出すよりも、トラブルを避けるほうが簡単だ

違法な金儲けがばれて後始末をするよりも、違法な金儲けの誘惑をはねのけるほうが、はるかに簡単である。トラブルを避けるためには、正しいことを正しいときに行なうだけでよい。

いっぽう、トラブルから抜け出すためには、大量の資金と大量の法的才能を注ぎ込まなければならず、たとえしっかり注ぎ込んだとしても、長期間の服役をまぬがれられるとはかぎらない。

ウォーレンがこの教訓を痛感したのは、米国系証券〈ソロモン・ブラザーズ〉に投資した七億ドルが危うくパーになりかけたときだ。社内トレーダーのひとりが手っ取り早く儲けようとして、違法な債券取引に手を染めた結果、連邦準備銀行が〈ソロモン〉の廃業を決定する寸前までいったのである。

このトラブルから抜け出すために、〈ソロモン〉はどれほどの犠牲を払ったのだろ

うか？　トップトレーダー数名は職を失い、会長とＣＥＯは退陣を余儀なくされ、会社は天文学的な法務支出、罰金、訴訟費用を払う必要に迫られた。初めからトラブルを避けていれば、手間の面でも財政の面でも、〈ソロモン〉は大きな節約をできていたはずなのだ。

No.8

カトリック教徒の結婚のように投資をしなさい——一生添い遂げるつもりで

投資に関する決断を下す際、取り消しがきかないという前提に立つなら、あなたは金を注ぎ込む前に、まちがいなく投資対象のことを勉強するはずだ。

自分が結婚する場面を想像してみてほしい。果たして相手の調査（デート）もせずに、顧問団（飲み仲間たち）と相談もせずに、じっくりと検討も重ねずに、いきなり結婚に踏み切るだろうか？　投資も結婚と同じであり、対象の会社の情報をかき集め、きっちり理解できたと確信が持ててから、投資に踏み切るべきなのである。

とはいえ、実際に金を生み出してくれるのは、〝一生添い遂げる〟という部分だ。例をあげよう。一九七三年、ウォーレンは〈ワシントン・ポスト〉株に一一〇〇万ドルを投資し、この婚姻関係を今日も保ちつづけている。三十年以上のあいだに、同社の株の価値は大きくふくらみ、現在ではなんと一五億ドル相当。初心を貫き通した者たちには、天から褒美《ほうび》がもたらされることがある。もちろん、最初に選んだ相手が正しければの話だが……。

No.9

地下鉄で通勤している連中の助言を、〈ロールスロイス〉で乗りつけてきた連中がありがたく拝聴するような場所は、ウォール街以外には存在しない

高い知性をそなえ、大きな成功をおさめ、人生で巨万の富を築いた事業家たちが、自分で投資する金もないような貧しい株屋の助言を受け入れてしまう状況に、ウォーレンはつねづね違和感をおぼえてきた。

それほどありがたい助言を顧客に与えられるなら、なぜ株屋自身は全員金持ちになっていないのだろうか？　ひょっとすると、彼らは自分の助言で儲けられないからこそ、他人に助言料を請求することで儲けようとしているのではないのか？

自分の金をつかって自分を金持ちにしようとせず、他人の金をつかって他人を金持ちにしようとするような輩《やから》は、疑ってかかったほうがよい。助言を聞けば聞くほど株屋に手数料が転がり込む、というしくみが存在している場合は特に……。

往々にして彼らの目的は、他人の金をつかって自分を金持ちにすることなのだ。助

言に従った結果、誰かが財産を失ってしまったら、いったい彼らはどうするのだろうか？　助言を買ってくれる別の誰かを見つけてくるだけである。

ウォーレンは、こうした株屋たちから成るウォール街の〝誠実さ〟に強い疑念を抱いており、金融アナリストたちがまとめた事業予想には目もくれようとしない。どのビジネス分野をとってみても、個々の特殊要因が無視され、あまりに楽観的な見通しばかりが記されているからだ。

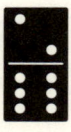

No. 10

幸せと金は別物である

ウォーレンは裕福さと幸福を決して混同しなかった。彼はいまでも、高校時代からの仲間とつるんでおり、生まれ育ったオマハの土地に住みつづけている。ウォーレンの根っこの部分は、金持ちになっても変化しなかったわけだ。

「成功の定義とは何ですか」

と大学生に問われたとき、

「愛されたいと望む相手から愛されることだ」

とウォーレンは答えた。

たとえ世界一の金持ちになれたとしても、家族や友人から愛されていなければ、それは世界一貧しい金持ちにすぎないのである。

No. 11

信望を得るには二十年かかり、信望を失うには五分とかからない。このことを考えれば、おのずとやり方は変わってくるはずだ

一生をかけて築きあげてきた信望も、ひとつの愚かな行為と、マスコミの否定的な報道によって、またたくまに崩れ去る危険性をはらんでいる。不正が公になった場合、あなたが支払うべき代償は、あなたの処理能力を超えるかもしれない。

最善の方策は、正しくないとわかっている行為をしないこと。これはバフェット家の家訓であり、ウォーレンは子供たちが幼いころから、折に触れてこの教えを耳もとでささやきつづけてきた。

保険大手の〈AIG〉に不正会計疑惑が持ちあがったとき、ウォーレンはみずからが率いる持株会社、〈バークシャー・ハサウェイ〉の重役陣の前でこう語った。

「半期に一度、君たちには社内通達の形で、わたしからのメッセージを届けているが、

現在の保険業界のごたごたは、あのメッセージを励行することの重要性をつまびらかにしている。すなわち、『〈バークシャー〉は金銭を失ったとしても、それがいかに大きなものであろうと、乗り越えることができる。しかし、信望を失ってしまったら、それがいかに小さなものであろうと、乗り越えることはできない』ということだ。結局のところ、将来のわれわれの信望を決めるのは、現在のわれわれのありようなのである。コートのど真ん中で堂々と大金を稼げるのに、コートの隅っこでこっそり小金をくすねる必要など、ひとつもない」

欲に目がくらんで正しい判断力を失い、ウォーレンの助言を守りきれなかった大企業の屍《しかばね》が、ウォール街にはごろごろと転がっている。

No. 12

天と同じく、市場はみずから助くるものを助く。しかし、天と違って、市場は右も左もわからぬ者を許さない

株式市場は、あなたが右と左の違いをわきまえてさえいれば、金持ちになる機会を提供してくれる。しかし、右も左もわからないまま参入すれば、市場は何のためらいもなく、あなたの財産をむしり取りにかかるだろう。無知と貪欲を化学反応させると、瞬時に財政危機が合成されるわけだ。

一九六九年、六〇年代の上昇相場が天井を迎えたころ、ウォーレンは株価があまりにも高くなりすぎたと判断し、株式市場から完全に手を引いた。一九七三年から翌七四年にかけて、相場の潮目は完全に逆転し、市場では投げ売りが相次いだ。

このとき、ウォーレンは「セックスに飢えた男が美女だらけのハーレムへ放り込まれた」かのように、がつがつと目当ての株を買いあさった。そして、当時集められた

〝美女たち〟の多くは、億万長者への道を歩むウォーレンを支えつづけたのである。

いっぽう、ウォーレンが撤退した一九六九年以降も市場に残っていた投資家のほとんどは、一九七三年から翌七四年にかけての大暴落で全財産を失い、二度と相場の世界に戻ってくることはできなかった。株を買うにはある程度の元手が必要だからだ。

右と左をきちんと見きわめられれば、つまり、自分が何をしているのかを正しく認識できれば、得られる効果は絶大である。

No. 13

わたしは高さ二メートルのバーの飛越《ひえつ》には挑まない。周りを見わたして、またぎ越せる三〇センチのバーを探す

ウォーレンは高望みをしない。すべての投球に対してホームランを狙わず、じっくり絶好球を待って、確実に打てる球だけをスイングする。

具体的にはまず、改善の必要がない定番商品を持っている会社や、今後二十年間は安泰と思われる会社に狙いをつける。それから、全株式を取得して会社を丸ごと所有すると想定した場合、一株いくらならビジネスとして見合うかをはじき出し、実際の株価がその水準になる瞬間を待ち受けるのである。

幸運にも、短期的利益を追う傾向が強い株式市場では、ビジネスの長期的経済性が軽んじられやすく、しばしばすばらしい会社に著しく安い値が付けられることがある。ウォーレンはこのシンプルなやり方を守りつづけている。占いまがいの複雑な投資戦略は、ウォール街の連中にまかせておけばよいのだ。

一九七三―七四年の株価大暴落の時には、世界屈指の広告代理店である〈オグルヴ

イー&メイザー〉の株が四ドルで購入できた。一株あたりの利益は七六セントだから、株価収益率（ＰＥＲ）はわずか五倍だ。

ウォーレンは暴落のあいだに同社の株をしこたま買い込み、後年、高値で売却して年率換算二〇パーセント超の利益を手にした。世の中には、こういう至極簡単な投資手法も存在するのである。

No. 14

習慣という名の鎖は、抜け出せないほど重くなるまでは、軽すぎて存在を感じることができない

これは、英国人哲学者バートランド・ラッセルの言葉をウォーレンが引用したものである。悪しきビジネス慣習を放置しておくと、水面下で刻々と事態が深刻化し、手遅れになってからようやく表面化する、という実情を的確に言いあてている。

じっさい、事業が不振に見舞われたとき、とっくの昔に取り組んでおくべきコスト削減を、泥縄式に実行するような場面がよく見られるものだ。こうした企業は業績好調時に不必要な支出をふくらませてしまっており、それゆえ環境が悪化したときには地盤沈下をまぬがれることはできない。

経営陣というものは、とかく、いったん思い込んだら修正がききにくいという性向を持っている。だからこそ不必要な事業支出がふくらんでいくのかもしれない。習慣にすべて身をまかせたとき、自分がどこへ流されるのかを常にチェックすることが肝要である。最終到達地点が気に食わない場合は、そこに流れ着いてしまう前に、すな

わちトラブルの海に船が沈んでしまう前に、進路を変更する必要がある。

じっさい、ウォーレンはこの進路変更を経験した。変更前の彼の戦略は、ビジネスの長期的経済性のいかんにかかわらず、帳簿価格割れした割安株を買うというものだった。偉大な投資アドバイザー、ベンジャミン・グレアムからヒントを得て編み出したこの戦略により、ウォーレンは一九五〇年代から六〇年代の前半まで大成功をおさめた。

しかし、戦略の効き目がなくなってからも、彼は長いあいだ同じ手法をとりつづけた。習慣という名の鎖は、軽すぎて存在を感じることができなかったわけだ。

一九七〇年代の後半、ウォーレンはようやくグレアムの簿価割れ戦略がもう通用しないことに気づいた。そして、優良ビジネスの株を適正価格で買い、長期保有によって事業の価値向上を待つ、という戦略に切り替えた。古い戦略はウォーレンを百万長者にしたが、新しい戦略はウォーレンを億万長者にしたのである。

No. 15

どんな事情があろうと、財産めあての結婚はおすすめできないが、財産を築いたあとの結婚は、さらに狂気の沙汰だ

ウォーレンが看破しているとおり、先方の財産めあてに結婚した者は、一セント一セントを、身を削るようにして獲得しなければならない。

あなたがすでに大金を持っているなら、このような激務に耐える必要がいったいどこにある？　まずは愛する人と結婚をして、それから蓄財に励むほうが、よっぽど簡単だ。

ウォーレンはまさにこの口であり、妻のスージーと恋愛結婚をしたあと、いっしょに巨万の富を築きあげてきた。夫婦の共同作業で金を稼げば、夫婦の仲も長続きする可能性が高い。たとえ、夫婦の絆が断ち切られたとしても、少なくともふたりのあいだには、争うべき巨額の財産が残ることとなる（ウォーレンは離婚の智恵に関しては沈黙を守りとおしている）。

No.16

めざましい結果を得るのに必要なのは、必ずしもめざましい行為ではない

投資で金持ちになるとしても、一晩で金持ちになる必要はない。ウォーレンのめざす年間収益率は、二〇〇パーセントではなく二〇パーセントである。一〇万ドルの元手を年二〇パーセントで運用しつづければ、二十年後には三八〇万ドルまでふくらむ。三十年後には二三七〇万ドルだ。

この長丁場のゲームを戦うなら、あなたの勝算は高い。しかし、長期間におよぶ馬鹿勝ちを望むなら、あなたの勝算は低い。なぜなら事業の長期的経済性を利用すれば、年間収益率二〇パーセントの達成はたやすいからだ。しかし、年間収益率一〇〇パーセントをめざす世界では、事業の長期的経済性をめぐる判断に数多くのミスが発生するからである。

No. 17

株はビジネスの細片とみなすべきだ

人々は株に投資をするとき、ビジネスの一部を買っているという事実を忘れがちである。いっぽう、ウォーレンは好んで株式投資を事業の部分的所有とみなす。そして、この考え方を通じて、ビジネスの適正価格を判断している。

具体的には、株価に発行済み株式数をかけた金額と、会社を丸ごと買収する場合の想定金額を比較して、良い取引か悪い取引かを自問するわけだ。

これを肝に銘じておくだけでも、上昇相場でしばしば見られる異様な投機熱に、うっかりと呑み込まれてしまうような事態を避けやすくなる。ウォール街の推奨銘柄や、いまをときめく人気株の多くは、会社全体の買収を想定すると、価格が割高な場合が多いのである。

No.18

わたしの場合、集団的意思決定とは、鏡をのぞき込むことである

ウォーレンは新しい発想を思いついたとき、他人の賛同を得ようとはしない。なぜなら、彼のアイデアのほとんどが、一般大衆の考えとは逆をいっているからだ。もしも投資の世界で大金を稼ぎ出したいなら、あなたは独力で思考する術《すべ》を学ぶ必要がある。そして独力で思考するには、他人との違いに心地よさを感じる必要がある。

ウォーレンは投資を始めた当初から、他人と違うやり方で歴史を歩んできた。ニューヨークではなくアメリカ中西部のネブラスカ州オマハに拠点を置いたのも、ウォール街の影響を薄めるためだった。

彼はほかの誰もが欲しがらないときに、当時は繊維業を営む〈バークシャー・ハサウェイ〉の株を買い込み、〈アメリカン・エキスプレス〉の株を買い込み、〈ワシントン・ポスト〉の株を買い込み、〈ゼネラル・フーズ〉の株を買い込み、〈Ｒ・Ｊ・レイノルズ・タバコ〉の株を買い込み、〈ＧＥＩＣＯ〉保険の株を買い込み、〈ワシントン

州電力供給公社〉の公社債を買い込み、さまざまなジャンクボンドを買い込んだ。

これらの中には、いまでも保有されているものもあれば、長期保有後に売却されたものもあるが、すべてに共通するのは、ウォーレンの富の形成に寄与したという点だ。

もしも、彼が独自の発想をウォール街の信任投票にかけていたら、大きな投資チャンスをことごとく取り逃していたに違いない。

No.19

五兆ドル規模の米国市場で儲けを出せていないのに、海外市場に河岸を変えればきっと本領を発揮できるはずと考えるのは、希望的観測にすぎるだろう

おもしろいのは、この発言の十年後、ウォーレン本人が海外に進出して本領を発揮してみせたことだ。

二〇〇三年、彼は中国の石油会社〈ペトロ・チャイナ〉の株を約五億ドル分取得した。同社株の九〇パーセントは中国政府が所有しているため、かつてウォーレンが冗談めかして言ったとおり、「会社の支配権はわれわれ二者が握る」という状況である。〈ペトロ・チャイナ〉の収益性は、世界の石油会社の中で第四位。原油産出量も〈エクソン〉と肩を並べるが、〈ペトロ・チャイナ〉の企業価値はウォーレンが購入した当時、西側の石油会社と比べると三分の一程度に過小評価されていた。

ちなみに、現在の〈ペトロ・チャイナ〉の株価は、二〇〇三年よりも四〇〇パーセント上昇している。これが本領発揮でないとしたら、何を本領発揮というのだろう。

No.20

愚か者でも経営できるビジネスに投資をしなさい。なぜなら、いつか必ず愚かな経営者が現れるからだ

世の中には、根源的経済性に富んだビジネスと、根源的経済性に乏しいビジネスが混在する。当然、投資先として望まれるのは前者のほう。根源的経済性に富んだ事業はダメージを受けにくいからだ。

ウォーレンが投資してきた〈コカ・コーラ〉、〈バドワイザー〉、〈ウォルマート〉、〈リグリーズ〉、〈ハーシー〉、そして税務サービス大手の〈H＆Rブロック〉といった企業は、防水性ならぬ防愚性にすぐれており、たとえ愚かなＣＥＯに経営されても、投資家にはまちがいなく利益が還元される。

逆に言うと、愚かな経営者の登場が懸念されるようでは、根源的経済性に富む優良ビジネスとは判断しづらい。手を出さないほうが無難だろう。

No.21

自分の純資産の一〇パーセントを注ぎ込む勇気と確信を持てないなら、その銘柄に投資するべきではない

確信は、将来何が起こるかという知識にもとづき、信念は、将来何が起こってほしいかという希望にもとづく。

投資のゲームで金を儲けるには、自分が何をしているのかを正しく認識しなければならない。もしも、ウォーレン並みの確信を得たいなら、一〇〇パーセント成功まちがいなしの方法が存在する。あなたが大金と感じる額を投資に注ぎ込むのだ。大金がかかっていれば、投資に対する集中心が高まり、投資先の事前調査を怠りなく実行するようになる。

もちろん、あなたの投資戦略の源が確信ではなく信念であるなら、あなたにはまったく勝ち目がないだろう。

No.22

金を持っていれば、ある程度、周りの環境を面白おかしく変えることができる。しかし、いくら金を持っていても、愛情や健康を買うことはできない

現実の世界では、一生かかっても使いきれないほどの財産を築いた人が、とても悲惨な人生を歩むことも珍しくない。遺産を相続できる子供たちはいっさい働かず、労働によって自尊心をつちかう機会を逃し、どんどんひねくれていった末に、親の早死にを望みながら時間を過ごすようになる。

もしも、あなたがケタはずれの金持ちなら、群がってくるおべっか使いたちにも注意しなければならない。取り巻きにおだてられてその気になり、傲慢さだけをふくらませていけば、最後に待っているのは裸の王様の運命である。

また、金持ちは往々にして、あり余る財産を利用して大胆な行動に打って出るよりも、一生を財産の防衛のみに費やすことのほうが多い。周りの使用人や、弁護士や、会計士や、いわゆる資産マネジャーたちが、手を貸すようなふりをして、隙あらば財

産をかすめ取ろうとするからだ。

ウォーレンは、巨額の遺産相続が子供の人生に良い影響を与えるとは考えていない。また、財産を世襲した者たちだけで上流階級が固められることが、社会に良い影響を与えるとも考えていない。

実力主義の社会が国を繁栄させると信じる彼は、投資で稼いだ利益のうち三二〇億ドルを慈善事業に寄付した。財産を築かせてくれた社会に、利益還元という形で支援を行なったわけだ。このような高邁《こうまい》な考えが投資の世界全体に広まり、すべての成功者の心中に居場所を見つけることを願うばかりである。

ビジネスの覚悟

No.23

永遠に続かないものには、必ず終わりが訪れる

急騰する株価は、事業の実態がふるわなくなったとき、上昇を止めることになる。永遠にどこまでも上がりつづけるように見えても、現実の業績が思ったほどふるわず、急騰の原動力である期待感が裏切られれば、株価は天井を打って急落し始めるのだ。

現時点で好調なビジネスの大多数は、いずれどこかの時点で不調に陥る。物事は変わる――遅かれ早かれ。アメリカでは、かつて馬車用のムチの製造が優良産業としてもてはやされた。ビデオデッキの製造も一時は飛ぶ鳥を落とす勢いだった。タイプライターの販売・修理も、複雑な商業システムに深く食い込んでいた。

しかし、これらの産業は現在、過去の遺物のようになっており、経済面での将来性はない。物事には必ず終わりが訪れる。だからこそ、目の前の状況だけでなく、道の先の状況にも注意を払わなければならないのだ。

未来のない事業に投資してしまった経験は、ウォーレンも持っている。彼の経営の

もとで、事業が左前になったこともあれば、彼の経営のもとで、事業が臨終を迎えたこともあった。

最も有名な例は、完全に消え去った〈ブルーチップ・スタンプ〉社と、消え去りゆく〈ワールドブック百科事典〉社だろう。両社はビジネス環境の変化についていくことができず、金を稼ぎ出す力を喪失していった。天才にも道の先を見誤ることがあるわけだ。

No.24

経済基盤が脆弱《ぜいじゃく》と噂されるビジネスに、辣腕《らつわん》と噂される経営陣が乗り込んでいったとき、無傷で残るのはビジネスに関する噂のほうだ

優良なビジネス——根源的経済性に富む——の多くは、トラブルに見舞われても、態勢を立て直せるだけの財政力をそなえている。月並みなビジネス——根源的経済性に乏しい——の多くは、いったん危機に陥ると、辣腕経営者の力をもってしてもそこから脱出できない。

優良なビジネスはたいていキャッシュを豊富に所持しており、債務も少なかったり皆無だったりするため、資金力にものを言わせてトラブルを乗り切ることや、経済の沈滞状況をじっと耐え抜くことが可能となる。

いっぽう、月並みなビジネスはたいてい、キャッシュ不足と借金漬けにあえいでいるため、問題が発生すると自転車操業にはまり込み、さらなる悪循環へと落ち込んでいきやすい。月並みなビジネスをいくら巧みに切り盛りしても、事業そのものに経済性が乏しいため、優れた結果を出すことが永遠にできないのである。

No.25

会計はビジネスの言語だ

ビジネスの現況を説明する方法はいくつも存在するが、どの方法も最終的には、会計という言語を使った説明に帰着する。

ウォーレンは共同経営者の娘から、大学で何を専攻すべきかと相談されたとき、「会計だよ。会計はビジネスの言語だから」と答えた。

企業の財務諸表を読むには、表中の数字を理解する必要があり、表中の数字を理解するには、会計学を習得する必要がある。

スコアカードを読むことができなければ、当然、スコアカードを書くことはできない。そして、スコアの読み書きができなければ、当然、勝者と敗者を区別することはできないのである。

No.26

業績好転はめったに転がっていない

巷《ちまた》ではよく、経済性に乏しいビジネスが廉価で売りに出されている。しかし、ウォーレンが探し求めるのは、適正価格で売られている上質なビジネスだ。もちろん、廉価で上質なビジネスが売られているなら、それに越したことはない（探し当てるのは至難の業《わざ》だが）。

あなたが株を高値で買おうと安値で買おうと、貧弱なビジネスは貧弱なビジネスのまま推移し、いくら株価が上下動しても、事業の根源的特質は変化しない。良いビジネスは良いビジネスでありつづける確率が高い。悪いビジネスは悪いビジネスでありつづける確率が高い。そして、悪いビジネスが優良ビジネスに変貌する確率は皆無と言ってよい。

カエルが王子様に変身するのは、お伽噺《とぎばなし》の中だけ。ＣＥＯの多くは自分の接吻に魔法の力があると信じているが、九五パーセントのカエルは接吻のあともカエルから変身などしない。実際に変身を遂げた五パーセントについても、初めからカエルではなかったと考えるのが妥当だろう。

ウォーレンは、どうせ同じ経営エネルギーと資本を費やすなら、貧弱なビジネスを安物買いして魔法の接吻をするよりも、経済性にすぐれたビジネスを適正価格で買うべきだと信じている。人生の中で何匹かのカエルに接吻してみたあと、彼は後味があまり良くないという結論に達したのである。

No.27

ビジネスが好調なら、やがて株価もついてくる

会社の中核ビジネスが長期にわたって好業績をあげつづければ、企業価値の根源的向上が株価に反映される確率が高まる——こうした市場現象にウォーレンは全幅の信頼を置いている。

反対に、会社の中核ビジネスが長期にわたって不調にあえげば、企業価値の根源的低下が株価に大きく反映される確率が高まる。長期で見たときの企業価値は、上へ向かうにせよ下へ向かうにせよ、実態を株価に織り込む機能を持っているわけだ。

じっさい、インターネット関連株は強気相場に乗って青天井の伸びを見せたが、長期的な収益力を示せなくなったとたん真っ逆さまに下落した。しかし、株式市場の大暴落時に落ち込んだ優良企業の株価は、収益力に変化のないことが確認されると、すぐさま反発に転じたのである。

暴落した株に手を出すときは、ビジネスの長期的経済性が良好なままかどうかを確

かめたほうがよい。経済性に変化がなく、事業が長期にわたって好業績をあげつづければ、やがては株価にも好ましい影響が現れるからだ。

株価を上昇させるには好業績が必須。しかし、もともとが優良ビジネスなら好業績をあげるのはたやすい。

〈ワシントン・ポスト〉、〈コカ・コーラ〉、〈ディズニー〉、〈アメリカン・エキスプレス〉、〈ゼネラル・フーズ〉、〈ウェルズ・ファーゴ〉銀行、そして〈インターパブリック・グループ〉広告会社や〈GEICO〉保険などの会社は、ウォーレンが株を買い込んだ当時、秀でた経済性を好業績に結びつけていながら、一過性の問題や、業界全体をおおう不況や、弱気相場のせいで株価低迷に苦しんでいた。しかし、やがて各社の長期的経済性は、市場による再評価を促し、株価の大幅な上昇をもたらしたのである。

No.28

仕事選びも投資と同じ。いかなる手間も惜しんではならない。正しい列車に乗りさえすれば、金と痛みを節約することができるのだから

投資先の選び方を学ぶことが大切なように、勤務先の選び方を学ぶことも大切である。長期的経済性が貧弱な会社に勤めた場合、ビジネスそのものの成績がふるわないのだから、個人として良い仕事を成し遂げることも期待しにくい。給料は平均以下になるだろうし、昇給の機会はごくたまにしか来ないだろうし、経営陣がコスト削減のプレッシャーにさらされているため、人員整理の対象にされる危険が常時つきまとうだろう。

しかし、秀でた長期的経済性から好業績を引き出している会社に勤めれば、事情はまったく違ってくる。こういう会社にはキャッシュが蕩々《とうとう》と流れ込んでくるので、初めから給与水準は平均より高く、さらに、仕事で好成績をあげれば、昇給と昇進を大いに期待できる。

また、経営陣が余剰のキャッシュを使い切ろうとするときには、社員に対して還元が行なわれる可能性も高くなる。

大きな利ざやで大きな収益をあげる会社と、小さな利ざやで赤字を垂れ流す会社。どちらで働きたいかは言わずもがなだろう。たとえるなら、前者は、富裕階層までノンストップの特等列車の旅、後者は、シベリア奥地までだらだらと続く艱難辛苦《かんなんしんく》の鈍行列車の旅である。

No.29

薄弱な経営陣が薄弱な業績に対応すると、根拠薄弱な会計が行なわれやすい

経済性に劣るビジネスがひどい業績をあげているとき、誠実さに欠ける経営陣は、根拠薄弱な会計を通してしまうことがある。実在しない収益が生み出されているように見せかけるのだ。

この偽装は簡単に、とても簡単に実行できる。かかった経費を相手先企業への投資として帳簿に記載し、〝投資金〟の一部を手数料の名目で相手先からバックさせ、それを収入として記帳するだけでよい。ペン先を二、三度走らせれば、あっという間に経費が減って収入が増えるわけだ。

会社が増益を達成したなら、株主とウォール街は経営者を称賛するだろう。そして、会社の株価は上昇し、経営者は目玉が飛び出るようなおいしいボーナスと、大統領昼食会への招待状を受けとることになるだろう。このあとの展開は、〈エンロン〉の例を見てもらえば……。

No.30

成長に大量の資本を必要とするビジネスと、成長に資本を必要としないビジネスとでは、天と地ほどの差が存在する

これこそがウォーレンの永久保有戦略の肝《きも》である。成長に大量の資本を必要とするビジネスでは、たとえ株価が上昇したとしても、株自体の価値はけっして上昇しない。なぜなら、競争の波を食らって沈没しないためだけに、絶え間なく資本を注ぎ込んでいく必要があるからだ。

たとえば、五年ごとに製品ラインナップを見直して、数十億ドルの再設計費用を計上するような会社は、業務拡張や、異業種買収や、自社株買いにまわせる資金が数十億ドル分目減りしてしまう。

対照的に、成長に新たな資本注入を必要としないビジネスでは、余剰キャッシュを業務拡張、異業種買収、自社株買いにまわすことができる。これらの活動は、会社の一株あたり利益を向上させ、最終的には株価を上昇させる可能性が高い。

だからこそウォーレンは、〈GM〉や〈インテル〉よりも、チューインガムの〈リ

グリーズ〉や〈コカ・コーラ〉を好むのである。〈リグリーズ〉や〈コカ・コーラ〉などの企業は、製品の再設計や工場の設備更新に数十億ドルを投じる必要がない。それゆえ自社株買いのような楽しい活動に大金を振り向けられるのだ。

他方、〈GM〉と〈インテル〉は、新規設計と設備更新に絶えず数十億ドルを投じつづける必要がある。もしも、両社が新規設計と設備更新に対する支出をやめれば、競争に敗れて事業からの撤退を余儀なくされるはずだ。

成長に大量の資本を必要とするビジネスは、あなたを金持ちにはしてくれないだろう。そして、成長に大量の資本を必要としないビジネスは、あなたを貧乏なまま捨て置きはしないだろう。

No.31

むずかしいビジネスでは、一つの問題が解決するそばから、別の問題が持ちあがってくる。台所のゴキブリが一匹だけのはずがないのだ

経済性に乏しいビジネスは、のろのろと不毛の地へ向かう船のようなものである。長期投資の対象にすれば、必ずみじめな結果が待ち受けている。

激しい競争が避けられない業界では、どうしても販売利益は薄くなってしまい、競争からの脱落を防ぐため、絶えず工場の刷新を繰り返さなければならない。競争力の保持に製品改良が必要なら、研究開発費の調達という問題も生じてくる。

たとえば、自動車製造会社が製品ラインナップの変更を決定した場合、工場設備の更新には一〇億ドル単位の資金がかかる。ひとつ見通しを誤っただけで、会社全体が破産に追い込まれかねない額だ。さらに、一〇億ドル単位の支出は会社の資金を枯渇《こかつ》させ、業務拡張や異業種買収や自社株買いなど、収益増加に効果的な活動をできなくさせる。

小さな利ざやと少ない収益に苦しみつづけるということは、コストとの格闘が絶え間なく続くことを意味する。ここに海外の安い労働力との競争が加われば、現形態のままでの事業継続さえもあきらめざるを得なくなるかもしれない。

長期投資で好成績をあげたいなら、この手のビジネスとは関わりを持たないほうがよい。じっさい、ウォーレンは経済性に乏しい事業を病原菌のように避け、市場で安く売られていても決して手を出さないのである。

No.32

商品を大衆化して儲けを増やすのは簡単だが、大衆路線から高級路線へ戻るのはむずかしい

世の中には、人々の心をつかんで放さない商品が存在する。ある特定の分野の品物が欲しいとき、ぱっと頭に思い浮かぶブランド商品のことだ。〈クリネックス〉、〈タンパックス〉、〈ウインデックス〉、〈スニッカーズ〉、〈リグリーズ〉、〈ディズニー〉、〈コカ・コーラ〉などのブランドは、消費者の心に深くきざみ込まれている。

消費者の心をつかむということは、裏を返せば、消費者の期待を背負うということだ。商品が消費者の期待に応えているからこそ、ブランドを持つ製造元は、他社よりも高い値段を設定できるわけだ。ただし、消費者のニーズを満たし、すぐれたブランド力を保つためには、一〇〇万ドル単位の支出が必要となってくる。

もしも、製造元が利益を増やす目的で、商品の質を落としたりすれば、消費者の心が離れていくという大きなリスクを冒すこととなる。せっかく気に入って愛用していたのに、品質が落ちて安っぽくなったので使うのをやめた——このような例はわたしたちの周りでもよく見られる。

いったん品質を落としてしまったら、品質をもとへ戻しても、売上はもとへは戻らない。なぜなら、いまや消費者の心にきざみ込まれているのは、期待を裏切られたという不快な経験だからだ。

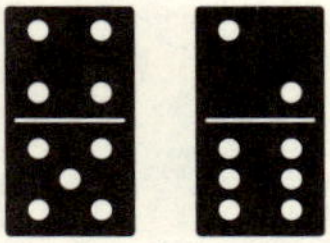

No.33

取引を進めるべきでしょうと顧問団から助言されたCEOは、おまえもそろそろ一人前の性生活を送っていい年頃だな、と父親から勇気づけられたティーンエイジャーの少年と同じような反応を見せる。必要以上に背中を押してやることはないのだ

フランス人数学者であり哲学者のブレーズ・パスカルはかつて、「男にまつわるすべての災いは、部屋の中でじっと座っていられないことに起因する」と述べた。

たしかに、CEOはじっと座っていられない人種であり、めったやたらに買収を仕掛けようとする。ウォール街の助けがあれば買収はたやすく成立させられるし、信じられないほど高い報酬をもらっている手前、言い訳の立つ実績らしきものをつくり出しておかないとまずいからだ。

また、古いトラブル一式を丹念に解決していくより、新しいトラブル一式を買い込んだほうが何かと対処しやすい、という側面も否定できない。

買収による成長はウォーレンの望むところでもあるが、永続的な競争優位性を持つ会社のみを対象とすることで、彼は暴走しがちな買収欲にきっちりと歯止めをかけている。永続的な競争優位性を持つビジネスは、すぐれた経済性をうまく利用できるため、株主資本利益率が高くなり、収益面でも安定して強い数字が示される。

他方、ウォーレンが〝コモディティ型〟に分類するビジネスは、株主資本利益率が低くなり、収益面の数字にもばらつきが出る。世界のほとんどの会社は〝コモディティ型〟であるから、投資先の候補はおのずと限定され、ウォーレンはせまい範囲内をじっくりと捜索することができる。

とはいえ、永続的な競争優位性を持つ会社にめぐりあったときの彼はとてもすばやく、発見の十分後にはおいしい話をものにしている。ウォーレンは自分が実際に欲する前に、自分が何を欲するかを知っているのだ。

No.34

損をしたのと同じ方法で金を取り戻す必要はない

株式投資の初心者はひとつの銘柄で損失を出すと、ほかには株など存在していないかのように、同じ銘柄で勝負を続けてしまうことがある。カジノで勝負をするなら、同じゲームで運のめぐりが変わるのを待つのもいいだろう。しかし、常に確率が一定なカジノのゲームと違って、株は銘柄ごとにリスクが大きく異なっている。

リスクの多寡を決定づける主な要因はふたつ。それは会社のクオリティと、このクオリティに対してあなたが投資したときの株価だ。クオリティが高ければ高いほど、また、クオリティと比べたときの株価が相対的に低ければ低いほど、リスクは低くなる。

ほとんどの場合、高いクオリティには高い株価がつくため、良い買い物をするのはむずかしいのだが、時折、株式市場が常軌を逸した動きを見せ、ハイ・クオリティの会社を低価格で売ってくれることがある。このときこそ、楽に金儲けができるチャンスだ。

絶対に避けなければならないのは、低いクオリティの事業を高い価格で買うこと。これをしてしまうと、あなたは確実に財産を失う。簡単に言えば、低いクオリティの会社が相対的に高い価格で売られていたら〝プレイ不可〟、高いクオリティの会社が相対的に低い価格で売られていたら〝プレイ可〟というわけだ。

銘柄ひとつひとつは別のゲームであり、株価の変動に応じて独自の賭け率がつけられる。だから、賭け率が非常に有利な銘柄の出現を待ち、安全マージンを確保したうえで、大きく勝負に出るのがいいだろう。

株式市場というところは不思議な場所であり、カジノと違ってときどき確実な儲け話が転がっている。ウォーレンはこのような確実なものだけで身のまわりを固めているのである。

No.35

わたしは十年から十五年先の姿が予測可能に思えるビジネスを探し求めている。たとえば〈リグリーズ〉のチューインガム。インターネットがいかに進歩しようと、人々のガムの噛《か》み方が変わるとは考えにくい

製品の不変性は収益の不変性にひとしい。変える必要のない製品を保有する会社は、利益をすべて刈り取ることができる。一部を研究開発費にまわさなくて済み、流行《はや》り廃《すた》りに翻弄されて損害をこうむる心配もないからだ。〈バドワイザー〉は百年以上ものあいだ、同じビールを醸造しつづけ、〈コカ・コーラ〉は百年以上のあいだ、同じカラメル色の不思議な砂糖水を販売しつづけ、〈リグリーズ〉も百年以上のあいだ、そう、同じチューインガムを製造しつづけている。

もうトレンドはつかめただろうか？　これらの会社が十五年後にどのような製品を売っているかを、あなたは予測できるだろうか？　本当に予測できるとしたら、あなたこそが次代のウォーレン・バフェットかもしれない。

恩師を持つこと

No.36

今日、誰かが木陰で涼をとれるのは、ずっと昔、誰かが木を植えておいてくれたからである

恩師であるベンジャミン・グレアムが苦心してバリュー投資の概念を編み出してくれていなかったなら、ウォーレンは祖父の食料雑貨屋の店番として、一生を終えていたかもしれない。

偉人の足跡をたどれば成功の確率は高くなる。問題は、正しい偉人を選べるかどうかだ。ウォーレンが選んだのは、〝ウォール街の最長老〟と呼ばれていたグレアムだった。バリュー投資の概念を編み出したグレアムは、当時ニューヨークのコロンビア大学で教鞭をとっており、ウォーレンはコロンビア大学に入ってグレアムの授業を受けた。

大学時代、ウォーレンの級友であったビル・ルアーンによれば、「あのふたりのあいだには火花が飛び交っていた」という。

コロンビア大学卒業後、ウォーレンはウォール街にあるグレアムの投資会社で働きはじめた。このあとの話は、金融界の伝説に語られているとおりである。

No.37

充分な内部情報と一〇〇万ドルの資金があれば、一年以内に破産を体験できる

現実から目をそむけないでほしい。あなたのもとに届いたとき、内部情報はすでに広く知れわたり、株取引にも広く利用されているのだ。しかも、内部情報を利用した株取引は違法である。

「アメリカ中西部の都市オマハに住む利点のひとつは、昼食の席に見知らぬ人物が近づいてきて、耳寄りな儲け話を吹き込まれずにすむことだ」

とウォーレンはよく語っていた。

相場の世界に流される噂は、往々にしてふらちな連中が発信源となっている。人為的に株価を吊り上げ、無知な投資家が食いついたところで、自分たちだけ高値で売り抜けるわけだ。

一九二〇年代に活躍した大物投資家のバーナード・バルークは、どこかから〝確かな情報〟がもたらされると、その株を即座にすべて処分することで有名だった。彼はこの手法により、稀代の大金持ちとして現世を去ったのである。

No.38

ベン・グレアムとフィル・フィッシャーを読みなさい。年次報告書を読みなさい。そして、ギリシア文字が入ったような方程式を使うのはやめなさい

会社の長期的価値に対して割安の株だけを買え、というのがベンジャミン・グレアムの教えだ。低価格での購入は、万が一のときに安全マージンを与えてくれる。フィル・フィッシャーが説いたのは、クオリティの高い会社の株を買って長く長く保有し、継続的な好業績によって企業価値が向上するのをじっくり待ちなさいという点だ。

ウォーレンは、グレアムの〝低価格で買って安全マージンを確保する〟と、フィッシャーの〝最高クオリティの会社の株を買って永久に保有する〟を合体させ、〝クオリティの高い会社の株を、その価値に対して割安の値段で買い、長く長く保有しつづける〟という勝利の方程式を編み出した。この方程式を用いると、一たす一は二以上になる。最終的に、ウォーレンはグレアムとフィッシャーをはるかにしのぐ財産を築きあげた。ウォール街では、グレアムやフィッシャーを読んだこともない連中にかぎって、ギリシア文字の入った方程式を使いたがる傾向がある。

No.39

わたしは事業家であるがゆえに、より良い投資を行なうことができ、わたしは投資家であるがゆえに、より良い事業を行なうことができる

有能な事業家は、ビジネスの良し悪しを見分けられる。有能な投資家は、ビジネスの価格が高いか安いかを見分けられる。だから、投資で大きな成功をおさめるには、まず有能な事業家のようにビジネスの良し悪しを見分け、実際に株を買う段になったら、有能な投資家のように価格の高安を見分ければよい。有能な事業家と有能な投資家が融合すれば、億万長者が生まれる。これは至極簡単なことでもあり、至極困難なことでもある。

投資を始めたころのウォーレンは、会社の過去の財務記録だけに関心を持ち、どのような製品をつくっているかという点には、ほとんど注目しなかった。彼の恩師であるベンジャミン・グレアムは、知るべき事柄はすべて数字に示されていると考えてお

り、長期的経済性に劣る繊維業のようなコモディティ型ビジネスと、長期的経済性に秀でる〈コカ・コーラ〉のような消費者独占型ビジネスとを区別しなかったのだ。

しかし、実際にコモディティ型ビジネスを経営し、苦難を味わわされたウォーレンは、すぐさま気づいた。真の競争優位性を持ち、並はずれた結果を生み出せるのは、消費者独占型ビジネスのほうであると。

ベンジャミン・グレアムは割安ならどんな株にも手を出すかもしれないが、ウォーレンは競争優位性を持つ消費者独占型ビジネスの株だけに手を出す。また、ウォーレンは狙った株が割安になるのを待つこともしない。長期保有を前提にすれば、適正価格で購入しても一〇億ドル単位の儲けが期待できるのだから。

No.40

時代遅れの原則は、もう原則でも何でもない

ある日の朝、ウォーレンは目覚めとともにはっと気づいた。恩師グレアムから学んだ投資原則はいまの時代には通用しないと。

グレアムが主張したのは、ビジネスの根源的経済性がどうあろうと、割安に売られている会社を買うという手法だ。この戦略は一九四〇年代と五〇年代にはうまく機能したが、より大規模な投資家集団が同じような手法をとりはじめると有効性を失った。金の卵を見つけるのがどんどんむずかしくなっていったからだ。

ウォーレンは従来の航路を進みつづけることをせず、船から飛び降りて新たな投資哲学を採用した。永続的な競争優位性を持つ優良ビジネスを相応の価格で買い、上げ潮の収益と時間が株価に反映されるのをじっくり待つという投資哲学だ。これは、ウォーレンを金持ちから超金持ちへと押しあげていった。

新しい哲学の格好の実例としては、〈コカ・コーラ〉社への投資が挙げられる。ウ

ォーレンが買ったときの株価は、一株あたり利益のおよそ二〇倍。グレアム式バリュー投資術を奉じる古いウォーレンなら、高すぎると判断して決して投資には踏み切らない数字だ。

しかし、新しいウォーレンにとって二〇倍の数字は、適正価格の範囲内におさまっており、じっさい数十億ドルの利益がもたらされた。ヒョウが柄を変えることも、ときには必要なのである。

No.41

株式市場のコンセンサスにいそいそと参加するなら、とても高い代金を支払わなければならない

ある銘柄があらゆる投資家から次の〈マイクロソフト〉として認められている場合、この株には法外な値段がつけられることになる。購買時の値段が高ければ高いほど、株価上昇の余地は小さくなり、株価下落の余地は広がる。あなたが投資すべきなのは、誰にも見向きもされず、大手投資ファンドからも相手にされず、長期的経済価値と比較して割安に売られている株だ。

「上昇したものの多くは下落するだろう、そして、下落したものの多くは再上昇するだろう」――これは、ウォーレンの恩師ベンジャミン・グレアムの標語である。後段の〝再上昇〟の部分を、わたしたちは何とか生かしたいと思う。下落を待つばかりの株を天井付近の高値で買うという事態は、望ましくない。望ましいのは、上昇を待つばかりの株を安値で買う、という事態である。

学ぶとは何か

No. 42

投資家としての成功に微積分や代数が必要なら、わたしは新聞配達の仕事に戻るしかないだろう

ウォーレンによれば、偉大な投資家に必要な数学は、足し算、引き算、掛け算、割り算の計算力と、百分比や確率をすばやくはじき出す能力だけだという。これ以上の数学力は無駄でしかない。しかし、これ以下だと、そもそもゲームに参加することができない。

No.43

独力で考えることを心がけなさい。いつも見ていて不思議に感じるのは、ＩＱの高い連中が見境なく人まねをしている姿だ。わたしの場合、他人と話していて良いアイデアが浮かんだことなど一度もない

ＩＱの高いタイプに分類される人々は、多くの場合、誰かのまねをすることが金持ちへの近道だと考えている。この原因の一端は、思うに、教授の模倣が良しとされる教育システムにあるのだろう。

ウォール街で支配的な投資戦略も、「流行をまねる」という考え方にもとづいている。誰かに何かを売りつけたいとき、人気のある商品と人気のない商品とでは、人気のある商品のほうが買ってもらいやすいからだ。

ウォーレンはウォール街と違って、誰かに投資手法を売りつける必要はない。自分で投資して自分が儲けられればそれでいいのだ。

投資で大金持ちになりたいなら、大勢の人と同じことをしてはだめである。きょう

はウォール街から見向きもされないのに、あしたはウォール街がこぞって買い求めるような銘柄を、自分で探し当てなければならない。付和雷同し、長いものに巻かれたがる連中は、たいていの場合、骨折り損のくたびれ儲けで終わる。

No.44

ジャーナリストたちが賢ければ賢いほど、社会はより良く繁栄する

投資のアイデアを練るとき、わたしたちは情報を新聞や雑誌、テレビなどといったマスコミから得る。つまり、金融に関する情報の正確性と分析の信頼性を、ジャーナリストたちに一〇〇パーセント依存しているのである。

こうした情報提供の仕事をずっとまかせるとしたら、相手は馬鹿なほうがいいだろうか？　利口なほうがいいだろうか？

教師が賢ければ賢いほどクラス全体が賢くなる、という考えにウォーレンは賛意を示してきた。これと同じ理屈で、ジャーナリストたちが賢ければ賢いほど社会全体が賢くなるわけだ。社会全体が賢くなって困るのは、何かを隠そうとするウソつきと泥棒と政治家だけである。

No. 45

人は経験から学ぼうとするが、他人の経験から学べるならそれに越したことはない

経験は最良の教師である。しかし、自分自身の失敗から教訓を学ぼうとすると、あまりにも代償が高くつきすぎる危険性がある。

この危険を避けるべく、ウォーレンは教育費節約の一環として、ビジネスと投資にまつわる他人の失敗を研究分析してきた。他人がどこで、どんな間違いをしたかを学ぶのは、自分でそこへ行かないようにするためである。これは、成功談だけを学ぶほとんどのビジネススクールとは真逆の戦略と言える。

ビジネスと投資の世界では、高級住宅街にたどり着く人よりも、貧民街に行きつく人のほうがはるかに多い。だからこそ、何をすべきかだけでなく、何をすべきでないかも学ぶ必要があるのだ。

リーダーの条件

No. 46

ひよっこに昔ながらのこつを教えるのはむずかしい

「年齢とともに磨かれるビジネスの眼識を、自分よりも若い経営者たちに教えるのは不可能である」。こうした結論にウォーレンは達している。

酸《す》いも甘いも嚙《か》み分けた古狸にとって、どうやったら金が稼げるかということは自明の理。じっさい、ウォーレンの周りはベテランぞろいで、ウォーレン自身は七十代、パートナーのチャーリー・マンガーは八十代、〈ネブラスカ・ファニチャー・マート〉のミセス・ブラムキンは百歳を超え、持株会社の〈バークシャー・ハサウェイ〉の重役にも七十代が多い。

ウォーレンは〈バークシャー〉に定年を設けていない。彼の言葉を借りるなら、六十五歳はまだまだ駆け出しなのだ。昔ながらの方法で金を稼ぐ場合、年齢と経験は、若さと熱意よりもはるかに強力な武器となるのである。

No.47

誰かを雇おうとするときには、誠実さ、知力、実行力という三つの資質に注目するとよい。中でもいちばん重要なのは、誠実さである。なぜなら、不誠実な従業員を雇った場合、知力と実行力はあなたを窮地に陥れるからだ

会社のオーナーが経営者を雇うということは、大事にしている子ブタの貯金箱を預けるということにほかならない。雇われ社長が目から鼻へ抜けるような才気を持ち、かつ勤勉な人物なら、あなたのために巨額の利益を稼ぎ出してくれるだろう。しかし、彼が誠実さに欠ける人物なら、さまざまな抜け道を考え出して、あなたの金を自分のポケットへ入れようとするだろう。

だから、不誠実な人物を雇わざるを得ない場合は、勤勉でないボケナスであることを確認しておかなければならない。このような人物なら、どんなに画策しても、あなたからナスを盗むのが関の山だからだ。

誠実さはウォーレンの経営哲学の根幹を成す。彼は〈ネブラスカ・ファニチャー・マート（NFM）〉を買収する際、創業者のミセス・ブラムキンをはじめとする〈NFM〉の経営陣を唖然とさせた。なんと、会社の帳簿の検査を求めなかったのだ。

ウォーレンは会社の価値をたずね、ミセス・ブラムキンから回答を得ると、翌日には四〇〇〇万ドルの小切手を持参した。後日、この件をミセス・ブラムキンから質《ただ》されたとき、ウォーレンは自分の会計士よりもあなたのほうを信頼していたからだと答えた。

また、ウォーレンは会社を買収したあとも、経営者に対して幅広い自由裁量を認める。つまり、経営者はオーナー社長のように、思いどおりの事業運営を行なえるわけだ。ウォーレンがこのような自由を気前よく与えることができるのは、相手に誠実さがあったればこそなのである。

No.48

陸地を歩くのがどういうものなのか、あなたは魚にきちんと説明できるだろうか？　〝いつか陸へ上がるときに〟というテーマには、千年のあいだ議論を戦わせる価値があり、〝いつかビジネスを運営するときに〟というテーマにも、それとまったく同等の価値がある

軍事関係者が言うとおり、実際に報復を受けるまでの戦争は楽しいゲームだ。これはビジネスの世界にもあてはまる。机上ではいくらでも理想的な経営ゲームを展開できるが、いざ事業運営の現場に放り出されれば、そうはいかない。現実の生産トラブルを解決し、現実の顧客を獲得して確保しなければならないのだ。

〈バークシャー〉傘下の〈ネブラスカ・ファニチャー・マート〉では、創業者兼最高経営責任者のミセス・ブラムキンが陣頭指揮をとり、店舗の最前線で戦う兵士たちとともに、長年のあいだ連戦連勝を続けた。年齢と経験は若さと熱意にまさるという考え方は、ウォーレンの座右の銘となり、いまも〈バークシャー〉のキャッシュ・レジスターを鳴り響かせている。チン、チン、チンと……。

No.49

潮の流れが止まって初めて、誰が裸で泳いでいたのかがわかる

創作的な会計は、いくつかの企業をウォール街で人気者にし、株価を押し上げられるだけ押し上げてきた。しかし、これらの各社が真の収益力を示せなければ、熱狂と幻想は消え去り、空っぽの銀行口座と破産申請だけが残ることとなるだろう。〈エンロン〉をめぐる潮の流れが止まったとき、わたしたちが見たのは一糸まとわぬ王様の姿だった。肝心なのは、いったい誰が素っ裸で泳いでいるのかを、潮流がおさまる前に見きわめることである。

No.50

観念がついえたとき、言葉は何かと役に立つ

これはゲーテの一節をウォーレンが引用したものである。ここで指摘されているのは、大仰なアイデアが不発に終わって、ビジネスが頓挫してしまったとき、人はおのれの無能さをおおい隠すために、言葉を駆使して大仰な弁解を展開しようとする、という現実だ。CEOたちの世界では、〝良き言い訳〟を探す果てしなき旅が繰り広げられている。経営者のお粗末な決断に怒り心頭の株主をなだめなければならないからだ。CEOたちは批判をかわそうとするとき、たいてい自分に責任はないと主張する。

しかし、経営に責任を持たないCEOに、リーダーの資格があるだろうか？　現CEOにリーダーの資格がないなら、わたしたち株主が新しいリーダーを選び、わたしたちのビジネスを運営させるべきではないだろうか？　そう、ビジネスはわたしたち株主のものなのだ。わたしたち株主は会社のオーナーなのだ。ウォーレンは〈バークシャー〉の経営者として、会社の事業が株主のものであることを肝に銘じてきた。じっさい、彼は株主に対し、良いニュースも悪いニュースも積極的に開示している。

No.51

良い経営者は朝目覚めたとき、開口一番、「さあ、きょうは張り切ってコストを削減するぞ」などとは言わない。これには、「きょうは張り切って息をするぞ」ぐらいの意味しかないのである

疫病にかかってからワクチンを接種しても遅い。しかし、ビジネスの世界では、嘆かわしいことに対症療法的な経営がまかり通っている。

対照的に、ウォーレンが信奉する予防的な経営では、潜在的トラブルが現実的トラブルになる前に手を打っている。初めからコストを低く保っておけば、競合他社に挑まれたときの備えができるうえ、業績の好調な時にはおのずと利幅が厚くなるのである。

ウォーレンが〈バークシャー・ハサウェイ〉の本社に配置しているのは、無駄のかけらもない一七名分の〝オフィス機器〟だけ。彼は他人に説いたことを自分で実践する男なのだ。

もしもあなたが、ある企業がコスト削減計画を強力に推進中という記事を見かけたら、当該企業の経営陣がいままで低コストを維持する努力を怠ってきたのだと解釈してよい。

経営陣によるコストの把握が徹底されていない会社を、あなたはどう思うだろうか？　このような経営陣が株主に大きな利益をもたらしてくれると思えるだろうか？

No.52

一〇〇万ドルで愛が買えるなら安いものだ。
しかし、現実には、誰かに愛されたいと思ったら、
愛すべき人物に自分がなるしかない。
見返りを求めてしまうのは人間の性《さが》だが、
あなたが何かを与えなければ、おそらく、
あなたには何も与えられないだろう。
わたしの知り合いの中で、望みの愛を手に入れた人は、
誰もが自分を成功者だと思っている。
誰にも愛されずに満足感を得られる成功者など、
わたしは想像することができない

ウォーレンの人生にとって愛は重要な要素であり、彼のビジネス哲学と経営哲学の中にも愛が組み込まれている。

ウォーレンは自分の仕事を愛せる人物しか雇わない。自分の仕事を愛している人は、

他人にもそうあってほしいと願うため、敬意のこもった対応をすることができるからだ。自分の雇った経営者がミスを犯したとき、ウォーレンは決して相手を降格させたりしない。むしろ、くよくよ考え込まないよう元気づけ、ビジネスの現場に早く復帰させようとする。

経営者たちに対するウォーレンの愛と敬意はとても深く、事業運営に関して一〇〇パーセントの信頼を置いている。そして、完全な自由裁量を与えられた経営者たちは、日に日に強い責任感をはぐくんでいくのである。

ウォーレンはみずから雇った経営チームを事あるごとに自慢し、公衆の面前でも躊躇《ちゅうちょ》することなく褒《ほ》めたたえる。だからこそ、彼のもとには世界一流の経営者たちが引き寄せられてくるわけだ。愛と敬意を与えよ、さすれば愛と敬意を与えられん。これは人生を成功へ導く第一歩である。

No.53

過程と結果のバランスをうまくとれと教わってきたが、わたしの場合、結果よりも過程のほうがはるかに楽しい

自分の仕事に情熱を持っている人々は、やがてその道の第一人者となっていく。なぜなら、彼らは金という結果よりも過程を愛するからだ。おもしろいのは、えてして情熱のあとから金がついてくるという点だ。

逆に、仕事よりも金を愛する人々は、みじめな労働に人生を費やさなければならないだけでなく、初めから心の命じるまま生きた場合に比べて稼ぎも低くなりやすい。

仕事に情熱を持つ最大の利点は、仕事が娯楽になってくれることだ。

「いまの仕事を心底愛してるから、自分で金を払ってでも続けたい」とウォーレンはよく言っていた。しかし、彼には金を払う必要などない。愛する仕事で大金を稼げているからだ。

No.54

すべてのホールでホールインワンを出せるような人は、そのうちゴルフから離れていくだろう

挑戦しがいのある仕事は、人生をおもしろくし、自尊心と創造性をはぐくみ、世界一流の人々を引きつける。逆に、挑戦しがいのない仕事は、人生を退屈にし、自尊心の芽生えを阻《はば》み、モチベーションの低い人々を引きつける。

もちろん、挑戦にはリスクが付きものだ。ビジネスの世界では、難題が持ちあがるたびに、新たな意思決定が行なわれるため、必然的にミスを犯すリスクが高まっていく。意思決定とミスとは切っても切り離せない関係であり、ミスが起きるからこそおもしろいという側面も否定できない。

最上級の経営者たち——みずから難題に挑む気概を持つ意欲旺盛な人々——を集めたいなら、成功と表裏一体の関係にある〝ミスが許される労働環境〟を提供しなければならない。ウォーレンはこのことをしっかりと学んできた。

No.55

自分の望む仕事を始めるべき潮時が訪れたら、逃してはならない。好きな仕事に就いていれば、あなたは毎朝うきうきとベッドから起き出せるようになる。履歴書の見栄《みば》えを良くするために、好きでもない仕事を続けるというのは、わたしに言わせれば愚の骨頂である。たとえるなら、老後に精力を残しておきたいからと、若いころにセックスを我慢するようなものだ

毎朝、いやでいやでたまらない仕事に出かけ、尊敬できない人間たちに囲まれて働く者は、つのる鬱憤《うっぷん》と不平不満を自宅へ持ち帰り、家族全員に不幸のお裾分けをすることとなる。つまり、自分自身はもちろん、愛する人々すべての人生をみじめにさせてしまうわけだ。

対照的に、笑顔で仕事場へ向かえるような環境なら、一日働いたあとに笑顔のまま帰宅し、愛する人々と幸せを分かち合うことができる。

もしも金銭面が心配になったときには、各分野のトップにのぼり詰めて巨万の富を築いているのは、自分の好きな仕事に打ち込んでいる人々であるという事実を思い出してほしい。

ある貧しいロシア移民の女性は、英語もろくに読めないのに、大好きな家具販売の仕事で成功をおさめた。ある食料雑貨店員の風変わりな息子は、数字と株の才能を生かして成功をおさめた。好きな仕事に打ち込んでいれば、金はあとからついてくる。先に挙げたふたりにもできたのだ。あなたにできない道理はない。

No.56

わたしの友人は、二十年の歳月を費やして、非の打ちどころのない女性を捜し求めた。不幸にも、ようやくめぐり会えた相手は、やはり非の打ちどころのない男性を捜し求めていた

ウォーレンの友人が理解していなかったのは、相手の持ち物を売ってもらうことと、自分の持ち物を買ってもらうことが、別次元の問題であるという点だ。男は女の商品を気に入ったが、女は男の商品を気に入らなかったわけだ。人生においてもビジネスにおいても、あなたは自分自身と自分の持ち物を、誰かに買ってもらわなければならない。

ウォーレンも投資事業を始めるときには、最初の出資者たちに自分を売り込んだ。現在でも、〈バークシャー・ハサウェイ〉が株式非公開企業を買おうとするときには、ウォーレンに出番がまわってくる。

家業の育成に生涯をかけてきた創業者一族は、〝手塩にかけた赤ん坊〟をどこの馬の骨ともわからない輩《やから》には売ってくれない。このような場合にウォーレンが売り込む

商品とは、ビジネスにもっと良い〝家庭〟を与えてあげましょうという着想である。

わたしたちは日常の生活で、雇用主や顧客に対して自分を売らなければならない。ビジネス上の関係も個人的な関係も基本は同じである。すなわち、まずは相手に興味を示し、相手のニーズを探り出す姿勢を見せてやると、うまくいきやすい。なぜなら、相手のニーズを満たすことが、あなたの売るべき商品となるからだ。この点を忘れてしまっている人々は、ひとり寂しくバーの片隅で長い時間を過ごすことになるだろう。

あなたが避けるべき人々

No.57

髪を切りたいなら、床屋のところへは行くな

何か問題はないかとアドバイザーに相談すれば、アドバイザーは必ず問題を探し出してくる。まったく問題がない場合でも……。

ウォーレンが看破するとおり、証券会社の営業マン、経営アドバイザー、弁護士、自動車整備士、芝生保全コンサルタントなどにも同じ傾向が見られる。問題解決を生《なり》業《わい》にする人々は、何としてでも問題をほじくり出してくる。問題が存在しなければ、商売あがったりだからだ。

No.58

予測が教えてくれるのは、未来のことではなく、むしろ予測者のことである

ほとんどの人が忘れがちなのは、大多数の予測者が雇い主の関心に左右されるという点だ。雇い主が悲観論を望むなら、予測者は悲観的な見通しを出し、楽観論が必要とされれば、予測者は楽観的な見通しを提供する。

これは、人間が給料をもらって職分を果たすという話であり、それ以上でも以下でもないのである。予測を生業《なりわい》とする者たちは、未来が映し出される水晶玉を持っているわけでもなんでもない。彼らが持っているのは、毎月の支払いに追われる住宅ローンと、大学への進学を控えた子供たちだ。

ウォール街は顧客によるひんぱんな売り買いを歓迎しており、これを実現させるには、顧客の投資ポートフォリオをひんぱんに入れ替える口実が必要となってくる。予測者が金利引き上げを予測すると、投資家は株を売り、予測者が金利引き下げを予測すると、投資家は株を買う。株の個別銘柄についても事情は同じだ。企業の今四半期の収益減が予測されれば、投資家はその株を売り払い、収益増が予測されれば、投資

家はその株を買い込む。

ウォール街は顧客の金をあちこち移動させることで儲かるしくみになっている。だから、アナリストとも呼ばれるウォール街専属の予測者たちが、資金移動のさまざまな口実を見つけ出そうとするのは、ごく自然な行動と言える。問題にすべきなのは、ひんぱんに売り買いを繰り返しても、富の蓄積にはいっこうにつながらないという事実のほうだ。

No.59

世論調査に意見を丸投げすべきではない

大勢の人々と同じ銘柄に投資すれば、大きな安心感を得ることができる。みんながあなたの方針を是認してくれているにひとしいからだ。

しかし、大勢の人々と同じ銘柄に投資した場合、この親衛隊みたいな集団がいつばらばらになるかを、常に心配していなければならない。高校で一番の人気者がころころ変わるように、ひとつの銘柄が永遠に人気を保ちつづけることなどありえないのだ。人気化したあとに株を買えば、さらなる上昇の余地は少なくなる。つまり、ローリターンに見合わぬハイリスクを抱え込んでしまうわけだ。

対照的に、ウォーレンのような賢明な投資家は、不人気となった銘柄の中から投資先候補を探す。未来の人気銘柄が安値で売られているのに見逃す手はないだろう。この方式を用いれば、損失のリスクを低く抑えつつ、高収益獲得のチャンスを大きくすることができる。

No.60

ビジネススクールでは単純な行動をとるより、複雑かつ困難な行動をとったほうがお褒《ほ》めにあずかれる。しかし、効果が高いのは前者である

中世の英国人哲学者でフランシスコ会修道士でもあるオッカムのウィリアム（一二八五年—一三四九年）は、科学界の一部では親しみを込めてビリー・オッカムと呼ばれているが、彼は「往々にして最も簡潔な説明が最も良い説明となる」という考え方を提起した。

この考え方が広まって困るのは、専門性を売りにする各分野のプロたちだ。なぜなら素人の尊敬の念を集めるには、魔法の技を披露してみせる必要があり、魔法でないものを魔法と思い込ませるには、素人には理解不能な仕事の複雑さが必要となるからだ。

逆に言うと、投資のプロセスをきちんと理解できている人には、投資アナリストも、投資アドバイザーも、ミューチュアルファンドも、ほかのあらゆるプロの魔法も不必要なのである。

優良ビジネスを探し出し、その株を適正価格で購入し、二十年間保有しつづけるという手法は、習得するのも実践するのもむずかしくはない。ウォール街の〝魔法使いたち〟が近視眼的な投資戦略をとればとるほど、長期保有戦略で利益を得られるチャンスが広がるからだ。ちなみに、ウォール街の近視眼的な投資戦略は、アドバイスを受ける側ではなく、与える側を儲けさせるために一〇〇パーセント最適化されている。

No.61

人間には、簡単なことをむずかしくしたがるひねくれた性質があるらしい

極言すれば、あらゆる職業は素人をだますことで成立している。得体の知れないものが現れたとき、素人はその道のプロを頼るしかなく、専門家は謎を解き明かす見返りとして、素人に高い料金をふっかけることが可能となる。そして、謎が複雑であればあるほど、その複雑さを解きほぐすための指導が必要となり、専門家に対するニーズも高まるわけだ。

顧客に代わって投資すべき銘柄を選定する、という専門技術を売るのがウォール街のビジネスである。業界を知り尽くしたプロ中のプロ以外、複雑怪奇な投資ゲームを理解できないため、素人とゲームとの橋渡しをする仕事は、ウォール街の株式ブローカーの専売特許となる。

ブローカーたちの計略は単純明快だ。顧客を儲けさせるという大義名分のもと、顧客の金で自分たちが儲けてしまうのだ。このとき、客離れの心配はしなくてよい。投資ゲームはあまりにも複雑なため、素人がひとりで手を出すのは無謀であると、あら

かじめたっぷりと刷り込んであるからだ。

株式ブローカーが株のプロを自任するなら、自分の金で勝手に儲ければよさそうなものだが、不思議なことに、この疑問を口にする顧客は誰もいない。ひょっとして、ブローカーが顧客の金を必要とするのは、投資が利殖につながらないとわかっているからではないのか？　顧客に投資先を次々と乗り換えさせて、手数料収入で儲けるつもりではないのか？

かつてウッディ・アレンは次のように言った。

「株式ブローカーってやつは、他人の金を投資に注ぎ込みつづけるんだ。すっからかんになるまでね」

No.62

三十年間の長期保有を推奨するときと同じレベルの自己犠牲は、修道院でも滅多に見られないし、株式ブローカー事務所では絶対に見られない

ウォーレンの長期保有戦略が実践されたら、株式ブローカーは飢え死にしてしまうだろう。これは、ブローカーが戦略の有効性を信じているか否かの問題ではない。単に、株の長期保有がブローカーに利益をもたらさないだけの話だ。

株式ブローカーの唯一の収入は、顧客の資金をあちこち動かす際の手数料。顧客が投資先を変えれば変えるほど、ブローカー側の実入りは大きくなるため、ブローカーは常に資金移動の口実を用意している。

もしも、あなたのブローカーが年に一回のペースで、すばらしい投資先を見つけたと言ってくるなら、おそらく彼は単なる妄想癖の持ち主だろう。しかし、あなたのブローカーが市場環境の変化を理由にして、先月買ったばかりの株を処分すべきだと言ってくるなら、おそらく彼は妄想癖の持ち主というより、単なるペテン師だろう。

分散投資をしない理由

No.63

五〇から七五の銘柄管理は、わたしの手に余る。ノアの方舟《はこぶね》式の投資をすれば、結局は動物園みたいなありさまになるだけだ。わたしは数銘柄を大量に持つのがいい

五〇の銘柄に分散投資を行ない、各事業の経済性に目を配りつづけるとしたら、一銘柄あたりに割ける意識と能力は著しく限定される。たとえるなら、すべての動物が充分な飼育を受けられない動物園。もうひとつたとえるなら、多すぎるボールでお手玉を始めてしまった大道芸人だ。ひとつのボールを落とすだけでは済まず――結局は、全部のボールを落とすはめになるだろう。

ウォーレンはひとつの銘柄に大量の資金を投入する。なぜなら、絶好の投資のチャンスは、絶対数が少なく頻度も低いからだ。ウォーレンの言うとおり、金持ちになるには正しい意思決定を数回行なうだけで充分である。一年に一回以上すばらしい投資先がひらめくようなら、自分の思い違いを疑ったほうがよいだろう。

No.64

分散とは無知に対するリスク回避だ。だから、勝手知ったる者にとって、分散の手法はほとんど意味がない

株式市場について右も左もわからないときは、幅広く分散投資を行ない、すべての卵が一度に割れるのを防ぐべきである。

逆に言うと、あなたに広範な分散をすすめてくる投資アドバイザーは、自分は株にくわしくないと告白しているにひとしい。無知が原因であなたに損を与えないよう、分散投資によるリスク回避の効果を狙っているのだから。

右も左も知り尽くしたウォーレンは、厳選した数個の卵に集中投資を行ない、鷹のごとき鋭い目で見守るという手法を好んで用いる。

No.65

ウォール街は動くことで金が転がり込んでくる。あなたは動かないことで金が転がり込んでくる

ウォール街で繰り広げられているのは、〝顧客の資産をがっちりつかんで手数料をどんどんしぼり取ろう〟という名のゲームだ。株式ブローカーが顧客に株を売り買いさせる手口は、枚挙にいとまがない。金利変動のニュースを利用したり、企業の収益増や収益減の予想を利用したり、アナリストの銘柄推奨レポートを利用したり。ときには、大統領選挙の結果を利用することさえある。ブローカーはあらゆる投資活動から料金を徴収できるため、顧客が唯々諾々《いいだくだく》と従ってくれているかぎり、ほくほく顔で顧客の金を吸い取りつづけるのだ。

株式市場で金を儲けるには、優良企業の株を適正価格かそれ以下で買って長期保有し、継続する好業績によって根源的な企業価値が向上するのを待たなければならない。ビル・ゲイツからウォーレン・バフェットまでの超大金持ちたちは、みんなこの方法で巨万の富を築いてきたのだ。ゲイツに富をもたらしたのは、たった一銘柄の株。ウ

ォーレンの場合は半ダースほどである。

この方式の有効性に疑問をはさむ余地はない。なにしろ、世界第一位の金持ちと世界第二位の金持ちが実証しているのだから。これでもまだ信じられないなら、オマハの一〇〇人ほどの住民に訊いてみるとよい。彼らは三十年前、有り金をひとつの会社――〈バークシャー・ハサウェイ〉――に投資した。そして現在、彼らの資産は一人当たり五〇〇〇万ドルを超えている。

No.66

お気に入りの会社に財産を投じてみてはどうだろうか？「いいことが続きすぎてうんざりするのって、たぶん素敵なんじゃないかな」と女優のメイ・ウェストも言っている

ウォーレンは保有銘柄を少数にしぼる戦略で知られており、事業の経済性が不変で価格が適正水準にあれば、同じ銘柄を意欲的に買い増していくこともある。時折見られるこの長期大量保有戦略の代表例が、〈コカ・コーラ〉に対する投資だ。

長期大量保有戦略は、リスク分散戦略――すべての卵をひとつのカゴに入れない戦略――の対極に位置する。

投資先の事業を深く理解しないまま、分散のための分散を行なった場合、いびつな動物園ができあがるだけだという点を、ウォーレンはずっと肝に銘じてきた。彼はまず投資先であるカゴのでき具合をじっくりと見聞し、実際に金を投入すると決めたあとは、カゴの状況を鷹のごとき鋭い目で見守ることにしている。

No.67

広範な分散投資が必要となるのは、投資家が投資にうとい場合のみである

投資アドバイザーがあなたに株の分散投資をすすめてくるのは、投資に対する確固たる自信がなく、みずからの無知からあなたを守ろうとしているからだ。もちろん、あなた自身が投資にうとい場合は、分散投資も賢い選択と言えるだろう。すべてを一度に失わないための保険にはなるし、長い目で見れば、平均成長率に応じた利益を得られる可能性もある。

分散投資戦略は勝ちと負けを相殺《そうさい》するため、あなたを大金持ちにすることはできないが、あなたを貧乏なまま放置しておくこともない。

No.68

一生のうちに必要となるのは、ほんの数度の正しい行為である。山ほどのまちがった行為を連発しないかぎりにおいては

人生の原理と投資の原理はしばしば一致する。人生で成功するためには、いくつかの事柄を正しく行なうだけでよい。軌道に乗った成功をぶち壊す唯一の懸念材料は、まちがった決断をこれでもかこれでもかと下しつづけることだ。

とはいえ、絶対にミスが許されないと言っているわけではない。許されないのは、大きなミスを連発することである。

これは投資に関してもあてはまる。正しい投資を数回行なうだけで、あなたは大きな財産を築きあげることができる。しかし、投資の意思決定の際には、常に判断ミスの危険がつきまとう。いくつかの正しい判断を下しておいても、いくつかのまちがった判断を連発すれば、いままでの利益は残らず食いつぶされてしまうだろう。

ウォーレンは投資ビジネスを始めて間もないころ、正しい決断を数百回下しつづけ

るのは不可能であるという結論に達した。だからこそ、絶対にまちがいないと確信できる事業だけを投資対象とし、少ない対象に多額の資金を投入する手法をとったわけだ。

彼の資産の九〇パーセントは、わずか一〇銘柄の株からもたらされた。何をするかではなく、何をしないかが重要となる場合もあるのだ。

規律正しさ、思慮深さ、忍耐強さ

No.69

小事に規律正しく臨めない者は、往々にして、大事にも規律正しく臨めない

ウォーレンが看破しているとおり、人々は少額の投資を行なうとき、一貫した投資戦略に例外をつくってしまう傾向がある。このような振る舞いは最終的に、規律正しい投資姿勢を台無しにしかねない。

投資ゲームでは規律正しさが成功の鍵となる。人生のさまざまな場面で、規律正しさが成功につながるように……。

規律正しい投資姿勢の重要性を強く信じるウォーレンは、勝ち目の薄い賭けゴルフに二ドルを投じることとさえ良しとしない。ゴルフコースでの分がいつも悪いという点は、彼本人がおおっぴらに認めているとおりである。このようにウォーレンの世界では、些細なことも決しておろそかにされないのだ。

No.70

頭を回転させて考えを整理したいとき、文字にしてみることほど効果的な方法はない

きちんと考えがまとまっていないと、頭の中身を文字にはできない。だからこそウォーレンは毎年、株主にあてた長い手紙をしたため、前年度の出来事について説明を行なっているのだ。この儀式は、どのようにして数十億ドルの収益をあげるか、という方法論を微修正する際、絶大なる効果を発揮してくれる。あなたがある事柄を文字にするとき、あなたはその事柄に関する思考を余儀なくされる。投資先について考えることが良い結果をもたらすとするなら、投資先について書くことは、もっと良い結果をもたらすはずだ。

例年、ウォーレンはラグナビーチの海岸沿いの別荘（故ベンジャミン・グレアム邸とは目と鼻の先）で暮れを迎え、年が明けるとすぐに年次報告書を作成しはじめる。紙と万年筆で綴られた手書きの報告書は、株主のもとへ届けられる前に、友人でもあり《フォーチュン》誌の編集主幹でもあるキャロル・ルーミスのところへ送られる。天才も誤字脱字の心配から逃れるには、編集者の手助けが必要なわけだ。

No.71

ほかの人々が思慮に欠ける行動をとればとるほど、われわれ自身はより思慮深い行動をとらねばならない

ここで直接言及されているのは、株式市場の強気相場と、強気から生み出される常軌を逸した高値のことである。市場が強気相場へ突入すると、投資家の大勢は、投資先に関する判断を軽々しく下しはじめる。言葉を換えるなら、株価がどこまで高騰しようとも、買い進める意欲がまったく衰えないわけだ。

逆にウォーレンの場合は、市場が強気相場へ突入すると、投資先の選定をこれまでより慎重に行なうようになる。この手法をとっているかぎり、周りの興奮の渦に巻き込まれる心配はない。ビジネスの長期的経済性とは無縁な常識はずれの高値をつかまされる心配もない。

深慮のもとで投資の意思決定を行なえば、愚行を犯さずにすみ、金持ちになれる可能性が高まる。浅慮のもとで投資の意思決定を行なえば、まっすぐ愚行へと導かれ、貧困の戸口をくぐる可能性が高まる。貧困に直結するような行動をとっておいて、金持ちになろうというのはどだい無理な話である。

No.72

ピッチャーがまだ投げていない球を打とうとしたことは一度もない

ウォーレンは野球ファンの経験が長く、独自の投資戦略を構築する際には、大打者テッド・ウィリアムズが書いた『バッティングの科学』から大きなヒントをもらっていた。

テッドによると、偉大な打者の条件とは悪球を見逃せることだという。つまり、絶好球だけを狙う必要があるわけだ。ウォーレンはこれを投資に応用し、偉大な投資家の唯一の条件とは正しい投資機会を待てること、と言い換えた。

しかし、完璧な投資のチャンスを待ち受ける際、ストライク三球分の機会しか与えられないテッドと違って、自分は一日じゅうでもバッターボックスに立ちつづけられるという点も、彼はきちんと理解していた。

将来の業績が測定できないような会社に、ウォーレンは決して手を出さない。もともと、彼は〝創業時からビジネスに関わっていく〟タイプではない。彼が好むのは、予測可能な未来を持つ既存の優良企業のうち、何とか修正がきく経営上のミスによって一時的に株価が下落している会社や、産業全体をおおう不況あるいは弱気相場によって株価が下落している会社だ。収益を出した試しのない会社は、ウォーレンからしてみれば、ピッチャーがまだ投げていない球なのだ。

彼がよく言っているとおり、黒字を出した経験がない会社の株を買うことは、将来的に黒字化する希望を買うことと同じ。現実になるかどうかもわからない未来の収益の流れを、値踏みするのは不可能であり、いままでに正しい値踏みが行なわれた試しもない。

もしもあなたの投資戦略の基盤が、将来の収益に対する希望的観測なら、あなたはトラブルの嵐に見舞われる危険性がある。

No.73

あなたが車を一台持っていて、
一生その車にしか乗れないと仮定しよう。
当然、あなたは大切に取り扱おうとするだろう。
必要以上にオイル交換をしたり、慎重な運転を心がけたり。
ここで考えてほしいのは、あなたが一生にひとつの心と
ひとつの体しか持てないということだ。
常に心身を鍛練すべし。決して心身の手入れを怠るなかれ。
じっくり時間をかければ、
あなたはみずからの心を強化することができる。
人間の主要資産が自分自身だとすれば、
必須なのは心身の維持と強化である

ウォーレンは人間の心と体を、ビジネス資産と同等にみなしている。すなわち、あなた自身がビジネスであり、あなた自身が資産なのだ。

人間は一生を通じて、自分のサービスを誰かに売りつづける。一般大衆と直接取引する場合もあるし、一般大衆にサービスを売る会社をあいだにはさむ場合もあるが、極言すれば、あなたは大いなる営利能力を秘めた経済主体なのだ。

もしも、あなたが大いなる営利能力を秘めたビジネスを所有しているなら、潜在性を引き出すために丹精こめて育成し、世界一のビジネスとして花を咲かせようとするだろう。あなたの心と体にも、これと同じことがあてはまる。あなた自身がビジネスであり、あなた自身が資産であるのだから。

あなたにはふたつの道がある。心身の状態を万全に保ちつつ、充実した教育によってさらなる強化を図り、秘められた営利能力を最大限に引き出すか。それとも、自分という資産を食いつぶして、秘められた営利能力をすべて無駄にするか。どちらを選ぶかはあなたの自由だ。

No.74

わたしのスーツは高級品だ。わたしが着るからしみったれて見えるだけで

どんな服を着ていようと、人間の個性は透けて見えるもの。確かに、ウォーレンはしみったれている。昔からずっとそうだったし、これからもそうありつづけるだろう。彼がしみったれなのは、金を長期にわたって複利運用した場合、どれだけ価値がふくらむかを知っているからである。

有名な話だが、ウォーレンは資産マネジャーだった青年時代から、百万長者になったかなりあとまで、旧式の〈フォルクスワーゲン・ビートル〉でオマハの街を走りまわっていた。新車一台分に相当する二万五〇〇〇ドルを、年率二〇パーセントの複利で運用すると、二十年後に受け取れる額は九五万八四三九ドル。車一台が一〇〇万ドル弱というのは、ウォーレンにとっては高すぎる買い物だったわけだ。

彼が高級スーツを着はじめたのもごく最近のこと。年齢が六十歳を大きく超えたため、残りの一生分のスーツ代を複利で運用しても、夜も眠れないほどの高額には達しなくなったからである。

No.75

買収する会社を探すときのわれわれの姿勢は、配偶者を捜すときの姿勢としても当を得ている。積極性と、相手への興味と、先入観の払拭《ふっしょく》は、良い結果に結びつくが、急《せ》いては事をし損じる

見つかるあてがまったくないものを探すのと、経験上、ときどき見つかることがわかっているものを探すのとでは、天と地ほどの違いがある。ウォーレンが探すのは後者だ。具体的に言えば、特定の環境下でときどき発生することがわかっている投資機会だ。

では、特定の環境とは、何を指すのだろうか？　弱気相場、業界不況、事業の根幹には影響しない一過性のトラブル、投資家たちのパニック売り――これらの出来事はどれも、超優良企業の株が驚くほどの安値で手に入る、という状況を生み出す。ウォーレンに必要なのは、このような環境の発生を待つことのみだ。毎日発生するわけではなく、毎月発生するわけでもなく、場合によっては発生しない年もあるが、ウォーレンを世界第二位の富豪にするのに充分なだけの頻度では、必ず発生してくれるのだ。

強欲の罠

No.76

適切な気質と適切な知的素養が合わさったとき、理性的行動が生まれる

ウォーレンが常に言っているように、良い投資をするのに最適な気質というものが存在する。それは、他人が臆病なときに強欲になり、他人が強欲なときに臆病になれる気質だ。

ウォーレンの成功の秘訣は、この気質を、独自の投資哲学——すぐれた長期的経済性から好業績を引き出している会社に集中投資する——と組み合わせる点にある。簡単に言えば、ほかのみんなが臆病になっているときに優良企業の株を買い進め、ほかのみんなが強欲になっているときには静観を決め込むのだ。

正しい気質は、いつ引き金を引くべきかを教えてくれる。人々が臆病になって株を投げ売りしているなら〝引け〟、人々が強欲になって株価を月まで押し上げているなら〝引くな〟と。

ウォーレンは投資ビジネスを始めて以来二度だけ、市場全体の株価が高くなりすぎ

たという理由で、いっさいの株の買い入れを停止したことがあった。一度目は、一九六〇年代後半の強気相場が絶頂を迎えたころで、二度目は、一九九〇年代後半の強気相場が絶頂を迎えたころだ。

いずれの場合も、ウォーレンはタイミング良く市場から撤退したため、直後の大暴落の中で大損害をこうむらずにすんだ。そして彼の手元に残った大量の現金は、激安の優良株の買い付けに有効利用されたのだった。

No.77

人々が強欲になることも、臆病になることも、愚行を犯すことも予測は可能だ。しかし、どの順番で起きるかは予測できない

投資家が広く熱に浮かされ、株価を過大評価するときがある。逆に、投資家が過剰なほど臆病になり、株価を著しく過小評価するときもある。ウォーレンはこの事実をよく知っているが、いつか必ずそうなるのはわかっていても、いつそうなるのかまではわかっていない。

とはいえ、実際にそうなったとき、臆病と愚行がもたらす安い株価を、彼は待ってましたとばかりに有効利用するのだ。強欲を避けつつ、臆病と愚行にチャンスをつくり出させる——これこそが知性派投資家のやり方である。

この手法の成功例としては、一九九〇年代の〈ウェルズ・ファーゴ〉株の取得が挙げられる。当時のアメリカには銀行不況が蔓延《まんえん》しており、土地関連の不良債権を抱えた銀行株は、破綻の懸念があるため誰も手を出そうとしなかった。

しかし、ウォーレンは数ある銀行の中から、最も優秀な経営陣を擁している銀行を探し出し、現下の金融危機を乗り切れる体力がありそうな一社を選んだ。〈ウェルズ・ファーゴ〉がまさにそれで、彼は同社の株をおよそ二億八九〇〇万ドルの資金を投じて買い占めた。八年後、同社の株価は二倍以上になった。

No.78

株はあなたに所有されていることを知らない

人間はしばしば無生物を擬人化する。ぬいぐるみしかり、車しかり、株しかり……。株が擬人化されたとき、感情的思考が理性的思考に取って代わる。この状況は、こと株に関するかぎり、朗報とは言いがたい。株の売り時が訪れたとき、株に〝愛情〟を感じていたら、売るに売れなくなってしまうだろう。

また、株価が下がったとき、株に怒りをぶつけるのも筋違いな話だ。株自身はあなたに所有されていることを知らないのだから。恨みつらみを感じない株に対して、あなたも恨みつらみを感じるべきではない。

No.79

無知と借金を組み合わせると、興味深い結果が生じることがある

無知はあなたに愚行を見えなくさせる。借金はあなたに無知ゆえの闇雲な暴走をゆるし、最終的には愚行へと至らせる。あなたが愚行を犯したとき、銀行からの借入金に大穴が開く。そして、銀行はこのことをいつまでも憶えている。

借金にまつわる愚行のうち、現代で最大のものは〈ロング・ターム・キャピタル・マネジメント（ＬＴＣＭ）〉の不祥事だろう。ほとんど知名度のなかったこの投資グループは、出資者たちからかき集めてきた一〇〇〇億ドルの借入金を、金融派生商品《デリバティブ》に投資して失敗し、巨額の負債を抱えた。〈ＬＴＣＭ〉による未曾有《みぞう》の損失は、出資者の金をすっからかんにしただけでなく、アメリカの金融システム全体を破綻の瀬戸際まで追い込んだのである。

他人の金でビジネスを行なうとき、悪いシナリオは現実のものとなりやすい。そして、悪いシナリオが現実のものとなったとき、損害は笑ってすませられるレベルには決しておさまらない。

No.80

七つの大罪のうち、最も馬鹿馬鹿しいのは〝嫉妬〟である。嫉妬心を抱いたとき、あなたの感情はプラスではなくマイナスに働く。わたしは〝暴食〟とは良い関係を保ってきたが……この先〝色欲〟におぼれることはないだろう

強欲の僕《しもべ》となるのではなく、強欲の主《あるじ》となれるなら、強欲はすばらしいものである。強欲のかけらぐらい持っていなければ金持ちになどなれないからだ。しかし、かといって、強欲が大きすぎると幸福感を味わえない体になってしまう。

過剰な強欲は嫉妬を芽生えさせる。嫉妬という名の道に敷きつめられているのは、決して満たされることのない渇望だ。この道でレースを行なう者は、金儲けに対する情熱で身を焼かれるのではなく、他人の貯金箱の中身に対する嫉妬で身を焼き尽くされる。

最も幸せな金持ちとは、自分のビジネスライフをこよなく愛し、副次的に発生する収益をふところへ入れ、他人の財産にはまったく興味を持たない人を指す。もしも、

金持ちでいつづけることと、嫉妬に身をやつすことが同義語なら、金持ちになって何が楽しいというのだ？

暴食に関して言うと、ウォーレンはコーラとハンバーガーと分厚いステーキと大量のフレンチフライを主食としている。本人によれば、この取り合わせの妙は、幼少時の誕生会で発見したそうで、これを与えてさえおけばいつもご機嫌である。

しかし、〈バークシャー・ハサウェイ〉の株主たちが会長の食事風景を目にしたなら、死ぬほど肝を冷やすに違いない。ウォーレンの知恵から利益を得つづけたい株主たちにすれば、健康重視の生活を通じてできるだけ長生きをしてもらわなければ困るからだ。

どんなときでも論理を重んじるウォーレンは、健康的なダイエットをした場合の寿命の増加分と、ジャンクフードを控えた場合の愉悦の減少分を比較し、ダイエットを行なう価値はないと結論づける。かの大作家マーク・トウェインも、酒と葉巻に関して同様の論理を展開していた。

No.81

我々がすべきことは単純だ。他人が強欲なときに臆病になり、他人が臆病なときに強欲になりさえすればいい

忘れないでほしい。株価が天高く上がったときはさよならを言う潮時なのだ。逆に、株価が地の底まで真っ逆さまに落ちたときは株式ブローカーに電話する潮時である。強気相場が続くと、人々は強欲になり、株価を高く高く押し上げ、さらに多くの人々を市場へと呼び込む。だが、このような状況下でのウォーレンは、臆病になり、株式市場とは距離を置く。

いっぽう、弱気相場のあいだは、誰も株の所有を望まないため、投資家たちは臆病になり、ビジネスの長期的経済性のいかんにかかわらず、狂ったように株を売りまくる。だが、このような状況下でのウォーレンは、強欲になって株式市場へ乗り込み、つねづね自分のものにしたいと夢見てきた優良ビジネスを買いまくる。

最後にもう一度言おう。みんなが強欲なときには臆病に、みんなが臆病なときには強欲に、だ。

売り時と去り時

No. 82

穴にはまっていると気づいたとき、いちばん大切なのは、掘るのをやめることだ

良くない投資をしていると気づいたとき、最低最悪の対処法は追加投資を続けることである。もちろん撤退には痛みがともなうが、熱に浮かされた集団から早く抜け出し、投資額がゼロになる前に損切りをすれば、最終的な被害はきわめて低く抑えられる。

一九八〇年代初頭、ウォーレンはアルミ産業に多額の投資を行なった。これは判断ミスであったが、彼はあやまちに気づくと、それ以上掘るのをやめて穴から脱出した。人は自分のまちがいを認める勇気を持つ必要がある。あなたは破産したのよと、運命の女神からささやかれる前に……。

No.83

最初の試みで成功したら、そこでやめればいい

ウォーレンは常に投資対象となる優良ビジネスを探してきた。そして、いったんその企業の株を取得すると、長期にわたって保有し、好業績とともに株価が上昇するのを見守ってきた。優秀な事業に良い投資ができたときは、そこその売却益のために株を手放したりせず、あらためて次の投資先を探すよりも、順風満帆な既存の立場を継続したほうがよい。

この方針を実践するには、優良ビジネスの定義というものを理解しておかなければならない。定義がわかっていないと、せっかく優良ビジネスの株を手に入れても、それと気づかずに処分する危険性があるからだ。

並みの長期的経済性から並みの業績を引き出している並みのビジネスに投資してしまった場合は、名投資家バーナード・バルークの助言に従うとよい。どうやって大金持ちになれたのかと問われたとき、彼は茶目っ気たっぷりの笑顔で次のように答えた。

「いつも早すぎるタイミングで株を売ってきたからだよ」

No.84

株を買うとき、わたしはレミングの集団移動の逆張りをする

ウォーレン・バフェットが看破するとおり、株の買い時とは、みんなが買っているときではなく、みんなが売っているときである。じっさい、これまでウォーレンは投資先の悪いニュースが報道された際に、大規模な株の買い付けを行なってきた（彼は暗雲に満ちた状況での買いを好む）。

この手法が可能なのは、ウォーレンがビジネスの世界を研究し尽くし、どの会社が危急存亡の秋を乗りきれるか、どの会社が取り返しのつかない不祥事を起こすか、という点を見分けることができるからだ。

一九六六年の〈ディズニー〉、一九七三年の〈ワシントン・ポスト〉、一九八一年の〈ゼネラル・フーズ〉、一九八七年の〈コカ・コーラ〉、一九九〇年の〈ウェルズ・ファーゴ〉――これらの大型案件は、すべて弱気相場のあいだに実行されたものである。

No.85

ほとんどの人はみんなが注目している株に注目する。しかし、注目すべきは誰にも注目されていない株だ。人気銘柄を買って高利益にありつくことは決してない

賢明な投資家は人気株と過熱気味の市況を嫌う。多くの場合、話題の株に群がってくる有象無象《うぞうむぞう》が、考えられないほどの高値をつけてしまうからだ。もしも会社を買収したいと思うなら、会社の人気がなくなったときを狙うとよい。いちばんお得な値段で買えるだけでなく、将来的な株価の上昇余地も最大化できる。

弱気相場をこよなく愛するウォーレンは、優良事業を抱える会社に目をつけておき、適正な価格水準まで落ちてきたら、すぐさまその株を買い占めることにしている。実例を知りたい場合は、〈バークシャー・ハサウェイ〉の有価証券明細表をくわしく調べてみるとよい。〈ワシントン・ポスト〉、〈コカ・コーラ〉、〈ディズニー〉、〈アメリカン・エキスプレス〉、〈ゼネラル・フーズ〉、〈ウェルズ・ファーゴ〉、〈インターパブリック・グループ〉、〈GEICO〉——これらの会社の株は、株価が大暴落したとき、もしくは、投資家たち全体から無視されていたときに取得されたものである。

No.86

われわれは投資先にあれこれと口出しする気はない。相手を変えようとする手法は、投資でも結婚でも、事態を悪化させるだけである

経営者が有能であっても無能であっても、ビジネスの根源的経済性は一定に保たれる場合が多い。優良なビジネスは、誰に経営されようと好業績をあげ、脆弱なビジネスは、どんな辣腕《らつわん》経営者をトップに戴いても、凡庸な業績しかあげられないのだ。この点をウォーレンはよく理解している。過去百年以上のあいだ、〈コカ・コーラ〉は延べ数十人の玉石混淆《こんこう》の経営者に率いられてきたが、現在でもビジネスの秀逸さを維持している。〈ワシントン・ポスト〉の場合も、伝説的な発行人兼社主、キャサリン・グレアムを失ったにもかかわらず、ビジネスの優良性は失っていない。

対照的に、自動車会社と航空会社は何十年ものあいだ、どのようなやり手経営者を迎え入れても、問題山積のビジネスという実態から脱せずにいる。投資先に選ぶなら、だんぜん優良なビジネスだ。たとえ天才によって経営されていても、脆弱なビジネスは避けたほうがよい。

No.87

リスクは、自分の行動に対する無知から生じる

不人気株取得という名のゲームに参加する際、ビジネスの長期的経済性を見きわめる眼力を持っていなければ、あなたは大きなリスクを抱え込むことになる。金を払ってから割高だと気づいても後の祭りだ。リスクを取り去る唯一の方法は、投資先をきちんと理解することである。ここでウォーレンの言葉を引用しよう。

「わたしは株の買い入れを実行する前に、必ず購入理由を紙に箇条書きする。もちろん判断がまちがっている場合もあるが、少なくとも『なぜ自分はきょう〈コカ・コーラ〉に三二〇億ドルを投資するのか……』という質問の答えを知ることはできる。答えを見つけられないなら、株を買うべきではない。ちゃんと答えを見つけられたなら、そして、同じような投資先を何社か見つけられたなら、きっと君は大金持ちになれる」

質問はわたしたちに思考を迫り、答えはわたしたちに行動すべきか否かを教えてくれる。この手法を通じて身につくのは、正しい投資先の見つけ方ではない。正しい質問に対して正しい答えが返されたかどうかを見きわめる力である。

No.88

どうしてもああいうのが欲しいなら、星の名前がついていない曜日に買いなさい

ここでウォーレンが言っているのは、証券会社を通じた新規の株式公開と社債募集のことだ。

彼の推測によれば、証券会社側は売り出しにあたって、上限一杯の価格を設定しようとするため、投資家が安値で入手できる可能性はない。だからこそ、ウォーレンは投資ビジネスを始めて以来、ずっと新規公開（ＩＰＯ）株には手を出してこなかったのである。

しかし、新しい株が取引されるのをしばらく見守っていれば、近視眼的な市場が株式の評価をあやまり、価格を下落へと導いてくれるチャンスも期待できる。

法則は単純明快だ。証券会社がバーゲン価格を提示する可能性はない。株式市場がバーゲン価格を提示する可能性はある。

No.89

われわれ経営者は公平無私を肝に銘じるべきである。公人として他者をあざむくような経営者は、私人としてみずからをあざむく結果を招くことになるだろう

社会に対して自分のミスを潔く認められる経営者は、ミスから教訓を学びとる可能性が高い。逆に、自分のミスを誰かや何かのせいにしようとする経営者は、ほかの重要な事柄についてもみずからをあざむく可能性が高く、株主に対して正直な対応を行なう可能性は限りなく低い。

この傾向が顕著に見られるのは、企業会計の分野だ。一部の数字について虚偽記載を許容していると、最後には、すべての数字について虚偽記載を許容するようになるわけだ。ウォーレンが指摘するとおり、「〝数字を出す〟ことを常に約束する経営者は、いずれかの時点で〝数字をごまかす〟誘惑に駆られる」。

もちろん、数字をごまかした経営者はブタ箱行きになるが、悲しいかな、たいていの場合、粉飾決算が明るみに出るころまでには、株主が投じた資金はすっかり底を尽き、従業員が積み立てた年金も消えてなくなっている。

No.90

やる意味のないことを、うまくやれても意味はない

多くの人々は長年のあいだ、根源的経済性が低いビジネスのために、つまり、収益をあげられる見込みが低いビジネスのために、身を粉にして働きつづけている。しかし、なぜ自分の得にならないことを極める必要がある？　根源的経済性が低く、金銭的見返りを期待できないビジネスに打ち込み、上手に運営する方法を習得できたとして、いったいなんの意味がある？

乗り込んだビジネス船に先行きがないと気づいたなら、思いきって船から飛び降り、豊穣《ほうじょう》の海へ向かう別の船を探したほうがよい。じり貧の泥船に残って船長までのぼり詰めても、財政的な展望はまったく開けてこないのだから。

これと同じ経験をウォーレンはしている。〈バークシャー・ハサウェイ〉がある繊維会社に投資をしたときのことだ。この会社がどれだけ生産性を上げても、どれだけ技術革新を成し遂げても、どれだけ資本を注ぎ込んでも、アメリカ国内で生産を続け

るかぎり、競合他社の安い海外生産品には太刀打ちできなかった。言葉を換えるなら、この会社はやる意味のないビジネスになってしまったわけだ。結局、ウォーレンは事業撤退という苦渋の決断を下さざるを得なかった。

No.91

経営成績が良くなるか悪くなるかは、どれだけ効率的に船を漕げるかという点よりも、どのビジネス船に乗り込むかという点が大きく影響する。乗り込んだ船が慢性的に浸水していると気づいたとき、より前向きな対処法をとりたいと思うなら、浸水部を塞《ふさ》いでまわることにエネルギーを費やすのではなく、船を乗り換えることにエネルギーを費やすべきである

いくら世界一の騎手であろうと、三本脚の馬に乗ったらレースには勝てない。しかし、乗るのが最強馬なら、二流騎手にも勝機が生まれる。

だから、あなたも学校を卒業したあとは、寄らば大樹の陰を実行し、根源的経済性の高い会社に勤めたほうがよい。あなたの野望のレベルがどれぐらいであろうと、勤務先にそなわっている秀逸な経済性は、世間的評価と平均以上の賃金をあなたにもたらしてくれるだろう。

もしも、あなたがすでにこのような優良会社で働いていて、しかも、大樹の陰から出ることを検討しているなら、決断はきわめて慎重に下すべきである。外からはより良い会社に見えても、慢性的な浸水を抱えた船かもしれないからだ。あなたがどれだけ必死に漕いでも、泥船は迷走するだけでどこへも向かってはくれない。

注意すべきあやまち

No.92

われわれは決して後ろを振り向かない。われわれの頭に思い浮かぶのは、多くのものが待ち受けている未来だけである。ああしておけばよかったとよくよく考えても、過去を変えられるわけではない。あなたは前を向いて生きるしかないのだ

人生でもビジネスでも投資でも、ウォーレンは後悔というものをあまりしてこなかった。投資の世界では、買いそこねた株が急騰するなど、絶好の投資機会を逃すことは日常茶飯事である。

たとえば、処分した株の値段がその後右肩あがりで上昇していけば、数カ月間あなたは自分を責めつづけるだろう。逆に、処分しそこねた株の下落が止まらなければ、数年間あなたは自分と他人を責めつづけるだろう。

これと同じことがビジネスの意思決定にもあてはまる。一〇〇の意思決定のうち一〇を失敗しただけで、あなたはミスについてくよくよと考え込み、最後には、必要な

意思決定を先延ばしするようになってしまう。

投資の世界では、毎日毎日、新たな投資機会が山のように生まれている。だから、必要な教訓を学びとったあとは、いつまでもミスにこだわっていてはいけない。あなたがすべきなのは、学びとった教訓を今日の問題に適用することだ。

投資ゲームを戦う中では、絶好の機会を見逃すという失敗は無数に起こりうるが、こういう不作為のミスはあなたのふところをまったく痛めない。むしろあなたが注意するべきなのは、みずから行動を起こした際の作為のミスだ。この作為のミスを発見するためには、過去ではなく未来へ視線を向けておく必要がある。

No.93

わたしは自分のミスを説明できるようになりたい。成功と失敗を両方説明できるということは、自分の行動を一〇〇パーセント理解している証《あかし》だからだ

あなたが自分の行動を理解できていないとしたら、あなたを行動に駆りたてた理由はいったい何なのであろうか？　適切な投資手法に必要なのは、直観ではない。正しい気質と合理性の組み合わせだ。〝無知は至福の喜び〟ということわざがあるが、無知のまま投資を行なうと、至福の喜びどころか悪夢が待ち受けている。

自分の行動のどこがまちがっていたかを説明したいと思うなら、自分の行動のどこが正しかったかという点だけでなく、行動に至ったそもそもの理由をきちんと把握し、両者を説明する術を身につけておかなければならない。そして、投資で成功をおさめるには、良いビジネスと悪いビジネスを区別する能力と、会社の株価が割安か割高かを判別する能力が必要となる。あなた自身が能力を持っていない場合は、能力を持っている他人を見つけて、代わりに識別してもらったほうがよい。さもないと、あなたは勝ち目の薄い鉄火場で、ひたすらサイコロを振りつづけるはめになる。

No.94

ミスを犯さない人には意思決定などできない

世の中には、意思決定を下せる人と下せない人が存在する。そして、意思決定を下せる人はリーダーとなり、下せない人はリーダーのあとについていく。

意思決定の中には必ず判断ミスが含まれる。一日に下す決定が多数に及べば一〇〇パーセント正しいことなどありえないからだ。もちろん、ミスがあまりにも重なりすぎれば、人々はリーダーを見限り、代わりの人物をリーダーに据えるだろう。経営者にミスがゆるされるのは、株主に利益をもたらしているあいだだけ。重要なのは、次の意思決定につながる意思決定を心がけることである。

決定の先延ばしとは、意思決定をしないという決定であり、これを何度も繰り返していると、しだいに物事が滞りはじめ、にっちもさっちも行かなくなり、最後にはビジネスが金を生まなくなってしまう。また、判断ミスが明らかになった場合は、ウォーレンの助言に従うとよい。くよくよと考え込むのをやめ、次の仕事に早く取り組むのだ。

〈クレイ〉のスーパーコンピュータを開発した天才設計技師のシーモア・クレイは、「あなたはほかの技師たちとどこが違うのか」

と問われたとき、こう答えたという。

「失敗を実験過程の一部として受け入れる心構えだ。ほかの技師たちが三度で断念する試行を、自分はうまくいくまで一〇〇回でも繰り返している」

たいていの場合、大成功へと続く道には、山ほどの失敗が立ち塞がっている。だから、あなたは失敗を乗り越え、前進を続けなければならない。先頭に立ちたがらない者は、他人の追走に甘んじるしかないのである。

あなたの能力範囲

No.95

投資は合理的であらねばならない。理解できないなら、金は出すな

ウォーレンが強調しているのは、投資先のすべてを理解することの重要性である。これこそが彼の成功の秘訣と言っていいだろう。投資先に何か理解できないところがある場合は、投資を実行しない——この教義をしっかり守ったからこそ、語り草になっているとおり、ウォーレンはハイテク企業への投資を控えてきたのだ（彼はハイテク企業の活動を理解していない）。

変化が激しくて予測不可能な業界をウォーレンは嫌う。彼が好むのは、確かなもの。つまり、自分の頭できちんと理解でき、しかも魅力的な価格で売られているビジネスだ。サイコロ賭博はほかの誰かにまかせておけばよい。

この方針を貫いたウォーレンは、インターネット・バブルとハイテク・バブルに巻き込まれずにすんだ。合理的に考えたとき、いまだ黒字化を達成していない会社に、大量の資金を投入することはためらわれたし、次の技術革新で時代遅れになるかもし

れないビジネスを、年間収益の四〇倍の価格で買うこともためらわれたのである。

たとえば、現在の〈ヤフー〉の値段が四四〇億ドルで、一八億ドルの年間収益を期待できるとしよう。この条件であなたは買い付けスタートの引き金を引くだろうか？　ちなみに、アメリカ国債の十年物に四四〇億ドルを投じれば、一年あたり二二億ドルの利益がノーリスクで手に入る。

このふたつの投資を比べたとき、どちらが有利に思えるだろうか？　どちらがギャンブルに思えるだろうか？　あなたはどちらを理解でき、どちらを理解できないだろうか？　どちらが合理的な投資で、どちらが不合理な投資だろうか？

ひょっとすると、十年後の〈ヤフー〉はハイテク史に埋もれて忘れ去られているかもしれない。しかし、十年後のアメリカ合衆国は世界の強国のひとつとして健在なはずだ。そう、ウォーレン・バフェットのように考えることは、それほどむずかしくないのである。

No.96

アイデアを自分で理解しているなら、他人にも理解できるように説明できるはずだ

ウォーレンは投資を実行する前に、自分が投資先を本当に理解しているかどうかを、独自の手法を用いてテストする。それは、他人に説明してみるというものだ。他人にうまく説明できない場合は、自分で理解していないという意味だから不合格。彼は理解していないビジネスには決して投資を行なわない。あなたもこの姿勢を見習うべきである。

投資に関するアイデアをどう表現しようかと苦闘すれば苦闘するほど、対象についてのより深い理解が必要となる。この傾向は投資家自身にプラスの影響をもたらすだろう。なぜなら、投資のアイデアを説明する際に、くわしい事前調査を迫られることになるからだ。説明できないなら手を出すな——ウォーレンのルールは単純きわまりない。

No.97

投資先がわたしの経営手腕を必要とするようであれば、両者はトラブルに陥ることとなるだろう

偉大な投資家が必ずしも有能な事業経営者とはかぎらない。他人の資質を見きわめられることと、自分が資質を持っていることは、分けて考える必要がある。

偉大な投資家に求められるのは、さながら秀でた選手を見抜くフットボールのコーチのように、他人の資質を見きわめる才能だ。ウォーレンは良い経営者を見抜く眼力なら持っているが、自分自身で事業を営む能力には長《た》けていない。自分の資質と他人の資質を知ったうえで、両者の長所をうまく利用することこそが、優良ビジネスを順調に運営する秘訣と言える。

ウォーレンが語っているとおり、多種多様な事業の買収を通じて自社を成長させる鍵は、有能な経営陣がいる優良ビジネスを手頃な価格で買ったあと、有能な経営陣にそのまま事業をまかせることなのである。

じっさい、〈バークシャー・ハサウェイ〉傘下の〈マクレーン・カンパニー〉のグ

レイディ・ロージアCEOから、社用のビジネスジェットを二機購入したいと電話で相談されたとき、ウォーレンはこう答えたという。

「それは君の問題だから、好きに決めてくれていい」

〈バークシャー〉グループの総従業員数はおよそ一八万人を数えるが、本社に詰めているのはわずか一七人だ。原則的にウォーレンは、傘下各社の経営をそれぞれの経営者たちにまかせ、事業運営上の決定権をすべて彼らに与えている。

重荷をすべて他人に背負わせられるなら、巨大企業の切り盛りもそれほどむずかしくはない。成功の秘訣は、適切な人材を経営者に据え、思いどおりに仕事をさせてやることである。

No.98

われわれの手法は単純明快だ。とびきりの根源的経済性をそなえ、正直かつ有能な経営陣に率いられたビジネスを、理にかなった価格で買収する。わたしが目指すのはこれだけである

ビジネスがとびきりの根源的経済性をそなえているかどうかを判別するには、ビジネス自体をきちんと理解していなければならない。ビジネスが正直かつ有能な経営陣に率いられているかどうかを判別するには、ビジネス自体をきちんと理解していなければならない。ビジネスが理にかなった価格で売られているかどうかを判別するには、ビジネス自体をきちんと理解していなければならない。

ビジネスをきちんと理解することは、ウォーレンにとっては成功の鍵のひとつなのだ。ビジネスをきちんと理解しないかぎり、長期的経済性が良いかどうかもわからないし、経営陣が正直かつ有能であるかどうかもわからないし、魅力的な値段で売られているかどうかもわからない。

ウォーレンが理解しているビジネスとは、言葉を換えるなら、ウォーレンの能力範囲内に存在するビジネスである。ウォーレンが理解していないビジネスはすべて、この能力範囲の枠外に存在しており、ほかの誰かの領域に属すべきものなのだ。

No. 99

能力範囲内に投資先が見つからないとき、われわれは範囲を広げない。われわれは待つ

ウォーレンは投資を行なう際、みずからが理解できる能力範囲に重きを置く。候補の会社が能力範囲内にあって、適正な価格で売られている場合、彼は投資するかどうかの検討に入るが、能力範囲外にあるとわかればもう見向きもしない。

前にも説明したとおり、ウォーレンの手法は、お目当てのビジネスを市場の人気が落ちているときに買うというものだ。ビジネスの将来像を見定めるには、ビジネスの根源的経済性を知る必要があるが、ビジネス自体をきちんと理解していなければ、根源的経済性と将来像とを把握できるわけがない。理解可能で価格も魅力的な投資先が見つからない場合、ウォーレンはただひたすら待って、待って、待ちつづける。絶好の投資先が姿を現すまで……。

一九六七年、彼は共同出資者たちに手紙をしたため、出資金の返還を申し出た。理解可能で価格も魅力的な投資先を見つけるのがどんどんむずかしくなっている、とい

うのがその理由だった。

しばらくのあいだ傍観を決め込んでいると、一九七三年、情勢が大きく変わった。突如として株式市場全体が暴落し、最優良企業さえもがバーゲン価格で売られるようになったのである。

投資先候補の選定にあたっては、頑固さと、融通のきかなさと、忍耐強さが報われる。投資という名のゲームでは、非優良企業を適正価格で買ったら、あなたの負け。優良企業を非適正価格で買っても、あなたの負け。あなたが勝利をつかむには、優良企業を適正価格で買うしかなく、ときには、ウォーレンといっしょに傍観者となり、ただひたすら待って、待って、待ちつづけることも必要となる。そう、投資ゲームでは耐えるが勝ちなのだ。

No.100

リーダーから発せられた業務上の要望は、いかに愚劣な内容だろうと、取り巻きたちが用意したデータによってすばやく支持される

世の中には、ボスのご機嫌とりを仕事にする人が常にいる。自分の本当の気持ちがどうであれ、ボスの肩書きを支持することによってボス自身のご機嫌をとるわけだ。ビジネスの世界では、「だから言ったじゃないですか」とボスに楯突《たてつ》く部下は出世できない。昇進を望むなら、

「それはすばらしいアイデアですよ、社長！」

と言う必要があり、すばらしいアイデアではなかったと判明した場合は、

「気を落とさないでください。わたしたち全員がすばらしいアイデアだと思ったんですから」

と言う必要がある。同病を持つ者たちは、愚かしいまでに相憐れむものなのだ。

このような事態を避けるため、ウォーレンは助言が欲しいときにはひとりで鏡をの

ぞき込む。正しいか正しくないかはともかく、いつもどおりのすばらしい決断に早く安くたどり着けるからだ。

仕事生活において、他人を自分のボスにしなければならないなら、少なくとも私生活においては、自分自身を自分のボスにしたいものである。

No.101

ふつうビジネスの世界では、透明度が高いのはフロントガラスよりもバックミラーのほうである

ビジネスの世界では、過去についての完璧な後講釈が語られる。しかし、未来については、激変する環境が先行きに目隠しをしている。道路の前方が見通せないとき、自分がどこへ向かっているのかを判断するのはむずかしい。これが理由のひとつとなって、ウォーレンは常にハイテク株と距離を置いてきた。ハイテク業界の将来像を、彼はまったく思い描けなかったのである。

ウォーレンによると、テクノロジーには一家言を持つ親友のビル・ゲイツでさえ、道路の前方は見通せていないという。だからこそウォーレンは、十五年先を見通せる実証済みの商品にこだわるのだ。十五年後、人々はひげ剃《そ》りをしなくなるだろうか？　コーラを飲まなくなるだろうか？　自動車保険をかけなくなるだろうか？　暑い夏の夜に子供たちをソフトクリーム店へ連れていかなくなるだろうか？　どれも可能性はきわめて低い。

ウォーレンは曇ったフロントガラスを持つ商品には興味を示さない。興味を示すの

は、道路の前方を見通せる商品のみ。後者の商品に関してなら、彼はビジネスの長期的経済価値を判別することができるし、近視眼的な株式市場が株価を過小評価しているかどうかを判断することもできる。

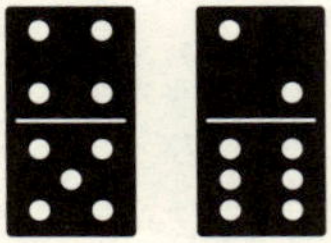

No.102

ある分野の第一人者——たとえば、優秀なスポーツ選手や有名な芸能人——が、畑違いの事柄にまで首を突っ込んで、一般大衆に身の処し方をあれこれ指南しようとする風潮に、わたしは強い違和感をおぼえる。われわれが投資で大きな利益をあげられるからといって、世の中のあらゆる事柄に関して良い助言ができるだろうか？こんな考えは常軌を逸している

この発言が暗示しているのは、能力の範囲内に存在する理解可能なビジネスだけを投資対象とせよ、というウォーレンの投資理論だ。彼は能力の範囲外にある会社には投資を行なわず、能力の範囲外の事柄については助言を行なわない。ひょっとすると、ウォーレンが常に異彩を放っていられる秘訣は、理解できる事柄だけに活動をとどめることなのかもしれない。世の中には、はた迷惑な勘違いをする金持ちが多い。彼らは金で知性を買えると考えており、あらゆる事柄について専門家気取りの発言をするのである。

〈ネブラスカ・ファニチャー・マート（NFM）〉のミセス・ブラムキンは、ハーバード卒という肩書きを持つウォール街の重鎮たちの大多数よりも巨額の遺産をのこして亡くなった。彼女は英語の読み書きができなかった。しかし、家具の売り買いで利益をあげるノウハウについては、世界の誰にも負けない知識を有していた。じっさい、オマハの〈NFM〉で家具を買って、サンフランシスコのわたしの自宅へ送ってもらうほうが、地元のサンフランシスコ市内で買うよりも安かったのである。

なぜこんなに安く売って利益を出せるのかとわたしが尋ねたとき、秘密は仕入れにあるとミセス・ブラムキンは答えた。仕入れ値が充分に低ければ、競合店より安い価格をつけても利幅は確保できるのだと。

では、仕入値を安くする秘訣とは？　競合店が掛け買いで正価を払うのに対し、彼女は大量の商品を現金払いで仕入れるため、いつも大幅な値引きを受けることができた。また、〈NFM〉の建物は彼女の個人所有なので、賃料を払う必要がなく、これも低いコストの維持に一役買っていた。そして、彼女は英語の読み書きができなかったものの、なんと、お金の計算は得意だったのである。

ここから学びとれる教訓は、自分がきちんと理解している事柄だけに――つまり、何が起きても馬脚を現さずにすむ事柄だけに――こだわりつづけろということだ。この教訓を生かせれば、読み書きができなくても超大金持ちになれるかもしれない。

No. 103

投資家を破滅させるのは経済ではない。投資家自身である

株から株へと無節操な乗り換えを続ける。株価を裏付ける実収益がなく、近い将来の暴落が確実なビジネスを、実際の価値とかけ離れた値段で買う。取引手数料で財産をどんどん目減りさせ、資産マネジャーのふところをその分だけ暖かくする。投資先をくわしく調査するという宿題を怠け、ファンダメンタルズが良好な銘柄ではなく、市場で人気化している株にやみくもに飛びつく。お手軽で手っ取り早い儲け話の味が忘れられず、返済能力以上の資金をギャンブル的な投機に注ぎ込む。株価を押しあげる祭りがすでに終わり、自分だけが取り残されたのではないかとパニックに陥り、笑ってしまうほど安い値段で持ち株を手放す。株式投資とはビジネスの一部を買うことであるという合理的な考え方をとらず、感情にまかせた投資を行なう。近視眼的な利益追求にとらわれ、ビジネスの長期的経済性を見失う……。

投資家を破滅へと導くのは、以上に列挙したような投資家自身の行為である。GNPの変動や、消費者物価指数の推移や、〇・二五パーセントの金利引き上げではない。

あなたが支払う価格

No.104

どういうわけか、人々は行動のきっかけを、価値ではなく価格に求める。価格とはあなたが支払うものであり、価値とはあなたが受けとるものである

あなたが支払う価格の高低によって、あなたが受けとる価値の大小が決まる、とウォーレンは考えている。払う価格が高すぎれば得られる価値は少なくなり、払う分が少なければ少ないほど取り分はより多くなるわけだ。

年間収益一〇〇〇万ドルのビジネスを一億ドルで買った場合、あなたは一億ドルの価格を支払う代わりに、一年あたり一〇〇〇万ドルの価値を得ることとなる。たとえば価格が一億五千万ドルなら、あなたが受けとる実質価値は減り、たとえば価格が七五〇〇万ドルなら、あなたが受けとる実質価値は増える。つまり、多く払えば払うだけ取り分が少なくなり、少なく払えば払うだけ取り分が多くなるのだ。このゲームに勝利する鍵は、少なく支払って多く受けとることである。

No.105

上がったものは必ず下がる、とは言い切れない

これは〈バークシャー・ハサウェイ〉の株価に関する発言である。一九六五年に一九ドルだった株価は、二〇〇六年には九万五〇〇〇ドルまで上昇した。右肩あがりで根源的価値を拡大していく〈バークシャー〉のような会社の株は、上がって、上がって、上がりつづける場合もあるのだ。

No.106

株式市場の基本的な役割は価格を形成することだ。市場はあなたにサービスを提供するために存在しているのであり、あなたを教育するために存在しているわけではない

ウォーレンにとっての株式市場は、短期的経済予測にもとづいて企業の株が値付けされる場所でしかない。市場の短期的経済予測は、株価の循環周期を短縮化させるため、ビジネスの長期的経済性が無視され、現実とかけ離れた株価がつけられる確率が高まる。

このような短期的な株価変動の中では、ビジネスの長期的経済価値と比較して、極端に高い株価が形成されることもあれば、極端に低い株価が形成されることもある。一般的に、株式市場は株を過大評価する傾向を持っている。だから、長期的経済価値と比べて割安なときに株を買っておけば、市場の均衡力が株価を反転上昇させ、過大評価の局面が始まることを期待できるわけだ。

超優良ビジネスが安値で手に入った場合、ウォーレンは株を長期間保有しつづけ、

好業績による内部留保が会社の根源的長期的価値を高めて、この企業価値の上昇が株価の上昇に反映されるのをじっくりと待つ。

長い目で見ると、近視眼的な株式市場が犯した値付けのミスは、超優良ビジネスの経済力によって必ず是正されるのである。もちろん、市場がどんな評価を下そうと、ビジネス自体の価値は変わらない。そして、どの株をいつ買うかを決めるのは、株式市場ではなくあなた自身なのだ。

No.107

最初のうち、株価を左右するのはファンダメンタルズだが、ある時点を境に、投機が株価を左右するようになる。古いことわざにあるとおり、「賢者が最初にやることを愚者は最後にやる」わけだ

賢者はファンダメンタルズの良好さに注目して株を買うため、自然と株価下落にそなえた安全マージンを確保することができる。また、賢者には時間も味方する。将来の収益予想という形で測られるビジネスの根源的長期的経済価値が、時間の経過とともに不当に低い株価を是正してくれるからだ。

このような環境下で投機が割って入ってくると、ファンダメンタルズはぽいっと捨て去られ、株価上昇によって買いが買いを呼ぶ状況となる。経験豊かな投資家は、ファンダメンタルズにもとづく需要こそが実需であり、投機にもとづく株の需要がなくなったとき——いつかは必ずなくなる——、実需の水準まで株価が下がっていくことを知っている。投機熱が高値をつければつけるほど、暴落時の下がり幅が大きくなることも……。

もしも、あなたが投機にはまり込んでしまって、株価下落後も後生大事に株を抱え込んでいるなら、ぜひとも鏡をのぞき込んでみてほしい。そこに映っているのが愚か者の姿だ。

No.108

入札戦争が勃発したときは、負けるが勝ちである

入札戦争が勃発すると、価格はどんどん競りあがっていく。そして、入札者同士が一歩も引かなければ、予想される投資収益率はどんどん下がっていく。価格が上がればば上がるほど、良い取引ではなくなっていき、ある一線を越えると、悪い取引になってしまうわけだ。

入札戦争を戦ううえで問題なのは、相手に負けたくないという気持ちが合理的な思考を押しのけること。やたら大きなエゴを持つ経営者は、株主の金を使って、信じられないような高値でビジネスを落札する。自分のふところが痛まないとき、人は割に合わない買い物をしやすくなる。しかし古今東西、割に合わない買い物をして金持ちになったという話は聞いたためしがない。

高値でつかまされたら負けという理屈は、小売の世界にも当てはまる。競合相手よりも安く商品を仕入れてくれれば、競合相手より低価格で消費者に商品を提供し、利ざ

やを確保しながら競合相手を駆逐することができるのだ。

これこそが〈ネブラスカ・ファニチャー・マート（ＮＦＭ）〉のビジネスモデルである。〈ＮＦＭ〉はときには工場の一カ月分の生産品を一括購入するなど現金で大量仕入れを行なうため、掛け買いで仕入れるライバル店とは比較にならないような好条件を取引相手から引き出せるのだ。

結果として、〈ＮＦＭ〉はライバル店よりも安い小売価格を設定でき、高い利ざやを維持しつつ、ライバル店よりも多くの消費者を引きつけられるわけだ。〈ＮＦＭ〉が安く売って大きく儲けられるのは、仕入れの際に少なく払うからである。特に小売の世界では、売り値よりも仕入れ値のほうが重要となる場合が多い。

No.109

消えゆく泡《バブル》と、待ち構える針。このふたつが出会ったとき、投資界のニューウェーブたちは昔ながらの教訓を学ぶ

一般大衆が株にのめり込むと、投機ブームは一気に広がる。右肩上がりの株価を見た人々が、自分も濡れ手で粟《あわ》をつかみたいと、お手軽な儲け話に殺到してくるのだ。大規模な投機ブームはおよそ三十年ごとに、新たなテクノロジーの到来とともに発生する。ここ百年のあいだでは、ラジオ、航空機、自動車、コンピュータ、バイオ、インターネットの各分野がバブルを経験した。投機ブームが起きているときの株価は、ビジネスの根源的価値ではなく、カジノで見られるような激情に影響される。

しかし、ウォーレンは投資の仕事を始めて以来、投機的な強気相場には一度も巻き込まれていない。彼にとってバブル時の株価水準は、実現が怪しい将来の黒字化を前提とするものだったからだ。過去の例では、黒字化が達成されないことが判明して、高値を支える希望がついえた瞬間、株価は地球の重力に引かれ、ときにはめまいを起こさせるほどのスピードで、真っ逆さまに急降下していった。

No.110

わたしは株式市場で金を儲けようとしたことはない。株を買うときは、翌日に市場が閉鎖されて五年後まで再開されない、という事態も想定している

ウォーレンはビジネスに参画するという前提で株を買っている。そして、ときに株式券市場は彼の仕事を財政面で後押しする。なにしろ、会社を丸ごと売買する場合の価格水準より、さらに割安な水準で株を売ってくれるからだ。

ウォーレンは株式市場のゲームに参加するつもりはない。しかし、あまりにも近視眼的な機関投資家たちが、年間最優秀ミューチュアルファンド賞の栄冠に輝くべく、楽な儲け話を探して果てしなき旅を続けているため、ビジネスの長期的経済性が無視された結果として、ウォーレンにとって願ったりかなったりの状況が整うのである。

正しい株を正しい価格で買っておけば、時間の経過は企業価値を高める方向にのみ作用する。そして、ビジネスの根源的価値が株価に反映されるにつれ、あなたはどんどん、どんどん、どんどん金持ちになっていく。

仮に、ここで株式市場が五年間閉鎖されたとしよう。市場が閉鎖中だからといって、

ビジネスの根源的価値の上昇が止まるという理屈はない。株式市場とは、取引用の価格が便宜的につけられる場所でしかなく、この価格の根拠も、市場参加者たちが勝手に思い描くビジネスの短期的価値にすぎないのだ。

株を五年間保有すると決めてしまえば、一年から四年のスパンで市場が何を思い描こうと、あなたはまったく影響を受けずにすむ。あなたにとって市場が重要となるのは、実際に株を売る一瞬だけなのである。

株式市場の愚かさを利用せよ

No. 111

株式市場は見逃し三振がない野球の試合に似ている。すべての球をスイングする必要はない。狙い球が来るまでいくらでもストライクを見逃すことができるのだ。しかし、君が資産マネジャーなら話は違ってくる。観客席のファンから「スイングしろよ、怠け者！」とひっきりなしにどやされるからだ

おしなべて資産マネジャーは四半期と年度通期の数字の奴隷である。四半期の数字が悪ければ、彼らは一部の顧客を失い、年度通期の数字が悪ければ、彼らは多数の顧客を失う。

こうやってファンド運用者たちは、短期利益を望む顧客の意向の奴隷となり、株式市場で繰り広げられる短期ゲームに引きずり込まれる。彼らの使命は、ホームベース付近へ投じられたすべての球をスイングすること。これを怠れば、彼らは顧客からクビを切られ、別の運用者に取って代わられる。

ファンド運用者は業務の性質上、三カ月から半年で結果の出そうな銘柄を選び、短期間で株価が上がることに賭けるしかないため、ビジネスの長期的経済性の優劣よりも、株価が乱高下しやすいかどうかという点が重視される。

短期的な株価の変動性に注目が集まれば集まるほど、ビジネスの長期的経済価値を判断する際にさまざまなミスが発生する。ウォーレンが成功をおさめられるのは、この値付けのミスを利用しているからであり、もしも、ファンド運用者たちが目先の儲け話にかまけてくれていなければ、ウォーレンは名だたる優良ビジネスの株を大量に取得できなかっただろうし、偉大な投資家という現在の地位を築いてはこられなかっただろう。

株式市場で大金を稼ぎ出したいなら、曲芸じみた近視眼的な株取引に没頭するプロたちとは縁を切り、プロたちによる長期的な値付けミスを利用するすべを学んだほうがよい。

No.112

われわれが歴史から学ぶべきなのは、人々が歴史から学ばないという事実だ

人々は株式市場で同じあやまちを何度も何度も繰り返す。短期的な株価変動の中で金儲けをもくろみ、逆に高値で株をつかまされて泣きを見るのだ。

このお定まりの陳腐なあやまちによって押し上げられた株式市況は、近視眼的な顧客の奴隷であるミューチュアルファンド運用者によって維持される。

株式市場とは切っても切れない近視眼性と、ビジネスの長期的経済価値に関する値付けミス――ウォーレンはこれらを利用することにより、偉大な投資家としての地位を築きあげてきた。

強気相場の中でよく見られるように、会社の長期的経済価値と比較して株価が突出しすぎた場合、期待感の風向きがほんの少し変わっただけでも、株価の大暴落に結びつく可能性がある。そして、いったん値崩れが起きてしまえば、高値で買った投資家たちはすっからかんになる。これは今までに何度も繰り返されてきた歴史だが、人々がここから教訓を学びとる気配はない。

ウォーレンは株価全般が高いときは市場に近づかず、株価全般が下落すると投資先の検討を始める。そして、株価全般が充分に下落したとき、お目当ての銘柄も下がっていれば、買い付けに踏み切るのである。

No. 113

株式市場の乱高下は、敵とみなすのではなく、友とみなしたほうがよい。また、愚行は参加するものではなく、利用するものである

株式市場は獣《けもの》のようなものであり、事業の長期的経済性を無視し、短期的予測のみを根拠に取引を行なう。短期予想の数字が悪ければ、株価は劇的に落ち込んでいく可能性が高く、この間、ビジネスの長期的経済性は一顧だにされない。つまり、すぐれた長期的経済性を秘めていながら、いくつかの短期的難題を突きつけられている会社の株には、絶好の買い場が訪れるわけだ。

愚者が殺到して株価が暴騰したときは、市場のようすを外から眺め、愚者が退場して株価が暴落したら、市場に乗り込んで株を買えばよい。

ウォーレンが株式市況の乱高下を利用して、優良株の大量取得に成功した実例を、以下に挙げておこう。

一九七三年から七四年にかけての株価大暴落時に、彼は一〇〇〇万ドル相当の〈ワ

シントン・ポスト〉株を買い集めた。この株の価値は現在、一五億ドルを上回っている。

一九八七年の株価暴落時から取得を始めた〈コカ・コーラ〉株は、当時の約一〇億ドルの価値が現在では八〇億ドル超になっている。

一九九〇年代の金融危機時に買った〈ウェルズ・ファーゴ〉株は、当時の四億ドルの価値が現在では一九億ドル超までふくらんでいる。

株式市場の乱高下は、ウォーレンに至極良好な結果をもたらしつづけてきたわけだ。

No.114

優良企業が異常な環境下に置かれ、株価の鑑定ミスが引き起こされたとき、すばらしい投資機会が訪れる

ときどき優良企業が修正可能なミスを犯し、株価の大きな値崩れ――ただし影響は短期間にとどまる――を招くということを、ウォーレンは教訓として学んできた。すなわち、ビジネスの長期的展望と株価とが大きくかい離するわけだが、ここから利益を得るためには、ミスが修正可能かどうかをきちんと見分けなければならない。だからこそ、投資先候補のビジネスを研究し、経済的本質を把握することが重要になるのである。

ウォーレンが〈GEICO〉保険に投資を行なったとき、同社は倒産の瀬戸際に追いつめられていた。というのも、これまで〈GEICO〉は大規模なフランチャイズ網を確立し、低コスト高収益の事業を展開してきたのだが、拡大路線に舵を切った際、保険引き受けの基準をゆるめてしまったからだ。具体的に言うと、リスクの高い顧客

に対しても従来の保険料率を適用したため、保険金の支払いが増加して急速に経営が悪化したのだ。

しかし、会社が初心に立ち戻れば、復活だけでなくさらなる繁栄も夢ではないことを、ウォーレンはよく知っていた。じっさい〈ＧＥＩＣＯ〉は繁栄を成し遂げ、彼が投じた四五〇〇万ドルの資金は、十五年間で二三億ドルにまでふくらんだ。

ウォーレンは〈ＧＥＩＣＯ〉のミスを一過性かつ修正可能とみなし、優良ビジネスの長期的経済性がそこなわれることはないと判断した。他方、近視眼的な株式市場はミスという表層だけに目を奪われ、深層の長期的経済性を見きわめられなかったのである。

No.115

長期的価値を買いたいとき、不確実性はあなたの真の味方となる

株式市場の不確実性は恐怖を発生させ、恐怖はパニック売りを発生させ、パニック売りはビジネスの長期的経済展望を無視する形で株価暴落を発生させる。

この連鎖反応が繰り広げられる中、株価がビジネスの長期的経済価値を下回ると、願ってもない絶好の買い場がつくり出される。

長期的経済性さえしっかりしていれば、やがて株価は現実の業績を織り込み、適正な水準まで回復していくのである。

ほかの投資家たちが不確実性に辟易《へきえき》しているときでも、ビジネスの長期的経済性に関して豊富な知識を有するウォーレンは、どの会社がよみがえってどの会社がよみがえらないかを、確信をもって見分けることができるのだ。

No.116

ウォール街の連中の大多数は、会社や株の取引を、原材料の売り買いぐらいにしか考えていない

プロの資産マネジャーにとっての会社や株は、実体を持つビジネスというより、コンピュータ画面上で乱高下する賭け率の数字でしかない。こういう博奕《ばくち》打ちたちが株を投げ売りし、ビジネスの長期的価値に比べて株価が割安になったとき、ウォーレンは彼らの愚行を大金に変換するのである。

この世に生まれ落ちた瞬間から、株式市場にはカジノ的側面がそなわっていた。人間は単純にギャンブルが好きであり、興奮を味わえるものが好きなのだ。

資産マネジャーとはおもしろい仕事で、他人から預かった金――しかも大金を、ギャンブルに注ぎ込むことができる。思いどおりの結果が出ているうちは天国だが、思いどおりの結果が出なくなれば地獄。資産マネジャーは仕事の性質上、株価のいかんにかかわらず株を換金しなければならない場合があり、これが市況を激しく変動させる一因ともなっている。

かつてウォーレンが言ったとおりである。

「劇場が炎上したら、席を立って逃げ出せばいい。しかし、炎上中の金融市場から逃げ出すには、誰かを自分の席に座らせる必要がある。これは容易なことではない」

もちろん、あなたがビジネスの真の長期的価値を理解しているなら、火事によってつくり出される絶好の買い場を見逃す手はないだろう。

No. 117

どれだけ才能があろうと、どれだけ努力をしようと、成就までに一定の時間を必要とする事柄が存在する。早く子供が欲しいからといって九人の女性を妊娠させても、一カ月で赤ん坊は生まれてこないのだ

ビジネスの価値とは、一晩で生まれるものではなく、構築には一定の時間がかかる。子供が時間をかけて大人に育っていくのと同じで、ビジネスの価値が育つのにも時間は必要なのだ。

しかし、優良ビジネスを買っておきさえすれば、最終的にかなりの価値の上昇を獲得することができる。ウォーレンは一九八六年、〈キャピタル・シティーズ／ABC〉株を一株あたり一七ドル二五セントで購入した。これは高くもなく安くもなく、価値と同等の価格水準だったが、ビジネスの根源的価値の上昇が株価に反映された結果、一九九五年、一株の値段は一二七ドルにまで達した。年間収益率に直せば二四パーセントの投資だ。

〈GEICO〉に関しても、十五年の歳月はビジネスの根源的価値を高め、四五〇〇

万ドルの資金を二三億ドルにふくらませた。この投資の年間収益率は実に二九パーセント。優良ビジネスは時間をかけて真の成長を遂げ、一カ月よりも少し長いスパンで株主たちを金持ちにしてくれるのだ。

No.118

過去の歴史がゲームの決め手なら、世界一の金持ちになるのは図書館員のはずだ

将来何が起こりうるかを理解したいとき、ビジネスの歴史を理解しておくことは重要だが、いくら過去に精通していても、実際に何がいつ起こるかは予知できない。これを可能にするものがあるとすれば、投資家の鋭い洞察力だろう。

ウォーレンは未来を予測するため、長期間同じ商品をつくりつづけるビジネスに特化してきた。商品の未来が予測可能なら、未来の収益も予測可能という理屈だ。ビール、キャンディ、自動車保険、清涼飲料、チューインガム、安全カミソリ――これらのビジネスに関しては、長期的経済性の先行きを予測することもできるし、価値に対する適正な価格を判断することもできる。

しかし、商品自体や商品ラインナップを定期的に更新して、何とか競争力を維持しているような会社に関しては、いくら近い将来であろうと、先行きを予測することは不可能である。何が起こるかを前もって知っておく――これが大金を稼ぐ秘訣だ。

No.119

たとえ市場が十年間閉鎖されても、保有しているだけで一〇〇パーセント幸せと思える――こういう株だけを買いなさい

一九六〇年代から九〇年代まで、ウォーレンをはじめとするベンジャミン・グレアムの帰依者たちは、毎年のように会合を持ち、投資哲学について口角泡を飛ばした。彼らが互いによくぶつけ合った概念的な質問のひとつは、つぎのようなものだ。

「もしも、全財産を一銘柄に注ぎ込んだあと、絶海の孤島に十年間隔離されるとしたら、あなたはどの株を選びますか?」

これは、こう言い換えてもよい。

「今日株を買うと明日から十年のあいだ市場が閉鎖されます。この間あなたが安心して持っていられるのはどの銘柄?」

これらの質問に答えようとするとき、あなたは短期的に考えるのをやめて長期的に考えはじめる。長期的に考えはじめることは、ビジネスのクオリティと、ビジネスの長期的経済性の本質について考えはじめることと同じ。あなたはビジネスの研究を重

ねた末、当該企業の商品には永続的な競争優位性があるか、という核心の疑問に行き着く。

永続的な競争優位性を持つ商品は、高い利ざやを保証してくれる。また、商品に手を加える必要がないため、工場と生産機器の陳腐化が起こらず、設備更新コストと研究開発コストを低く抑えられる。低コストが意味するのは高い利ざや、高い利ざやが意味するのは大きな収益だ。

一九八二年のウォーレンは、十年間市場で売却できなくても安心な銘柄として、〈キャピタル・シティーズ・コミュニケーションズ〉を挙げた。二〇〇六年の彼なら、株価収益率（PER）が二〇倍以下という条件付きで〈コカ・コーラ〉を挙げただろう。資産が着々と増えつづけていくなら、絶海の孤島で寝転がっているのも悪くはない。

No.120

今日の投資家に利益をもたらすのは、昨日の成長ではない

今日の投資家は明日の成長から利益を得る。たとえば、あなたがきょうビジネスを買ったとすると、あなたのふところに転がり込んでくる利益はすべて、きょう以降の未来につくり出されたものなのである。

過去から金を稼ぎ出すことはできない。つまり、ここで重要となってくるのは、将来成長が本当に実現するかどうかという点と、実現すると判断した場合、いくらまでなら支払ってもよいかという点だ。

投資先の会社が永続的な競争優位性を持っていれば、成長が実現される可能性は高いだろうが、株を取得する際に法外な値段を払ってしまったら、将来受け取れるはずの利潤の総量が大きく減り、投資の年間収益率の数字も下がることとなる。一年間の稼ぎが一〇〇万ドルしかないビジネスを、あなたは一億ドルで買収したいと思うだろうか？　きわめて疑わしい。

しかし、年間収益が二〇〇〇万ドルのビジネスを一億ドルで買えるなら、あなたは一も二もなくチャンスに飛びつくはずである。もちろん、いまのは極端な例だ。

一〇〇万ドルと二〇〇〇万ドルなら即断はできても、中間の数字を判断するのはむずかしいだろう。しかし、ウォーレンのようになりたいのなら、一〇〇万ドルにも中間にも手を出すべきではない。簡単な二〇〇〇万ドルだけをものにするのだ。

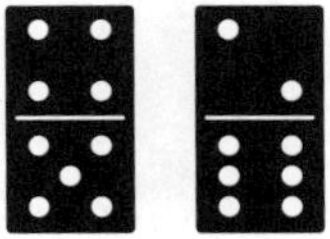

No.121

市場が効率的なら、わたしはいま街頭で物乞いをしているだろう

投資の世界では、株式市場は効率的であるという仮説が、まことしやかに流布されている。この仮説によると、情報の完全性が担保されてさえいれば、特定の日時に市場内でつけられた株価は、当日の株の価値を一〇〇パーセント反映しているのだ。

短期的視点から見たとき、株式市場はまずまずの効率性を示すが、短期的視点によってつくり出された効率性は、しばしば、長期的視点からは値付けミスに見える状況をつくり出す。すなわち、長期的視点から見たときの株式市場は、しばしば非効率的なのである。

ウォーレンは市場の非効率性を説明する際、自分が行なった〈ワシントン・ポスト〉の投資を引き合いに出す。一九七三年当時の〈ワシントン・ポスト〉社は、《ワシントン・ポスト》紙と《ニューズウィーク》誌と四つのテレビ局を所有していた。総資産は控えめに見積もっても五億ドル。しかし、株式市場における価値は、たった一億ドルでしかなかった。

では、なぜこれほどの安値がついていたのだろうか？　この原因は、ウォール街が短期的視点から、翌年の〈ワシントン・ポスト〉株のパフォーマンスが良くないと判断したことにあった。じっさい、ウォール街の判断は正しく、翌年の同社株の動きはさえなかったが、長期的視点から見れば、当時は願ってもない絶好の買い場だったのである。

ウォーレンは一〇〇〇万ドル分の〈ワシントン・ポスト〉株を取得し、三十年後、この一〇〇〇万ドルは一五億ドルにまでふくらんだ。

ときとして短期的効率性は長期的非効率性を生む、という点を肝に銘じておいてほしい。長期的非効率性をうまく利用すれば、超大金持ちになることも夢ではないのだ。

No.122

わたしに関するかぎり、株式市場はあってもなくても同じだ。唯一考えられる存在意義は、誰がどんな馬鹿をやらかそうとしているかを、ちょっとのぞいてみるだけで確かめられる点だろう

ウォール街でいつも飛び交っているのは、これから株価が上がるか下がるかという話題と、金融界に市況を予測する能力があるかどうかという話題だ。ウォーレンは市場の方向性に対して、これっぽっちの関心も持っていない。彼の唯一の関心は、大手ミューチュアルファンドの近視眼的な運用担当者たちが、長期的視点から見た愚行を犯しているか否かという点にある。

この点を確かめたいとき、ウォーレンは《ウォールストリート・ジャーナル》を読む。卓越した記者陣がつくりあげた同紙の紙面には、あらゆる近視眼的愚行が網羅されているからだ。

No.123

見境なく売り買いを繰り返す組織に、機関″投資家″の称号を与えるのは、見境なく行きずりの情事を繰り返す人物に、″ロマンチック″の称号を与えるのと同じである

ミューチュアルファンドとヘッジファンドのほとんどは、底なしの売買中毒にはまり込んでいる。ファンドの運用担当者たちは、金利が〇・二五パーセント下がったからといっては株を買い、金利が〇・二五パーセント上がったからといっては、一カ月前に買ったばかりの株を売る。

彼らが導入している″モーメンタム投資戦略″は、株価が急騰すれば買い、株価が急落すれば売り、という行動を迫るのだ。企業収益が少しでも減ると彼らは株を売り、企業収益が少しでも増えると彼らは株を買う。戦争のきざしが少しでも見えると彼らは株を売り、平和のきざしが少しでも見えると彼らは株を買う。

このような売買の目的は、年間最優秀ファンド賞の栄誉に輝いて、莫大な運用資金を新たに獲得することだ。一般大衆は近視眼的傾向が強いため、四半期の運用実績が

かんばしくないファンドはすぐに見切りをつけられ、別のファンドへの大量顧客流出が発生するのである。

こんなものは投資ではない。投資の皮をかぶった投機だ。投資家は、ビジネスの一部を買って成長を見守り、投機家は、株価の短期的値動きをサイコロの目で占う。投資と投機のうち、片方はあなたを超大金持ちにする。そして、もう片方はサイコロを振るファンド運用者を超大金持ちにする。

No.124

われわれは市場や金利や景気の一年後について意見を持ったことはない。現在も持っていないし、将来も持つつもりはない

市場と金利についての意見を持っていない人物が、株式市場から何十億ドルもの利益をあげられるのだろうか？　なぜウォーレンにはこんなことが可能なのだろうか？　それは、ほかの市場参加者たちの関心が、目先の株価の動向や来年の金利ばかりに注がれる結果、〇・二五パーセントの利上げ観測だけを口実に、秀逸な長期的経済性を秘めた企業の株を投げ売りする、というような愚行がひんぱんに繰り返されているからだ。

外部の影響を受けやすい投資家たちが、馬鹿馬鹿しい理由で優良企業の株を売りに出すと、ウォーレンは待ってましたとばかりに株を買い集め、いったん手に入れたお宝は決して手放さない。

あなたも超大金持ちになりたいなら、市場動向に関する騒々しい議論は無視し、連

銀と金利の話はいっさい忘れたほうがよい。そして、永続的な競争優位性を手がかりに、長期的経済価値の高い会社を探し出すことと、企業価値と市場価格との比較から買い場を見つけ出すことに、精力を集中させるのだ。原則は、市場で売られすぎていれば買い、市場で買われすぎていればパスである。

このプログラムを長いあいだ実行しつづければ、あなたの手元には優良企業のポートフォリオができあがり、さらに長い時間が経過した末、このポートフォリオはあなたを超大金持ちにしてくれる。これはウォーレンが歩んできたのと同じ道である。

No.125

わたしの知り合いの億万長者はみな、財産を持ったからといって豹変するようなことはなく、逆に生来の特質が強調されてきている。貧乏な唐変木《とうへんぼく》が巨万の富を築くと、億万長者の唐変木になるだけなのである

金は人を変えない。金は人の本性を浮き立たせるだけである。貧乏なころに親切で太っ腹だった人は、巨万の富を築いたあと、もっと親切でもっと太っ腹な人になる。逆に、貧乏なころにケチで締まり屋だった人は、巨万の富を築いたあとも、ケチで締まり屋な面をずっと持ちつづける。『クリスマス・キャロル』の主人公で吝嗇《りんしょく》のエベニーザ・スクルージの名を出せば、誰もがこの点を納得してくれるだろう。

ただし、物語の中のスクルージは身を滅ぼす前に、亡霊と精霊たちの訪問によって改心することができた。結局のところ、貧乏であろうと金持ちであろうと、良い人はどこまで行っても良い人なのだ。そして、人間にとって重要なのは、貧乏なのか金持ちなのかという点ではなく、良い人かそうでないかという点なのである。

謝辞

まず何をさておいても、ウォーレン・バフェットに感謝を捧げたい。本書の執筆にウォーレンが直接関わることこそなかったものの、わたしたちは彼の叡智と寛容さから永久的な恩恵をこうむっている。投資家ウォーレン・バフェットの才能を見劣りさせるのは、慈善家ウォーレン・バフェットの博愛精神ぐらいのものであり、彼が携わっている慈善事業は未来の世代に、尽きせぬ投資の情熱を与えていくこととなるだろう。

本書の発行者兼編集者である〈スクリブナー〉社のローズ・リッペルにも感謝を表したい。業界きっての敏腕と評される彼女との仕事は、いつも楽しい。

以下の人々に対しても、わたしたちは感謝しなければならない。過去作の発行者であるエレノア・ローソンは、『バフェットロジー』シリーズの誕生を手助けしてくれて、本作りの何たるかを教えてくれた。シンディ・コノリー・ケイツは初期の草稿を手直ししてくれた。リチャード・フィッシャーはわたしたちを温かく見守ってくれた。フリッツ・パールバーグは真の友情とはどういうものかを示してくれた。

わたしたちは投資とビジネスの世界で、さまざまな人々から教えを賜《たまわ》った。新世代の偉人のひとりに数えられ、資産マネジャーとしても作家としても著名なティモシー・P・ヴィック。〈ネブラスカ・ファニチャー・マート〉の創設者であり、家具・カーペット業界で〝ビジネスを興《おこ》す〟方法を伝授してくれた故ローズ・ブラムキン（彼女ほどすばらしい教師はハーバード大学にもいない）。〈ヘルツバーグ・ダイアモンズ〉の前CEOのバーネット・C・ヘルツバーグ・ジュニアは、『バフェットに売る前にわたしが学んだこと』――小売業を題材とする不朽の名作のひとつであり、ビジネスを学ぶ者たちの必読書でもある――を上梓してくれた。また、作家兼歴史家のアンドリュー・キルパトリックは、バフェットロジストにとっての必携本を数多く書き下ろしてくれた。

投資界の重鎮の方々にも、わたしたちは深く感謝したい。バーナード・バルク、フィリップ・フィッシャー、ウォルター・シュロス、ベンジャミン・グレアム……。彼らのような偉大な先達がいたからこそ、今日わたしたちは確固たる足場の上に立っていられるのである。

最後になるが、雄々しいサム・ヘイグッドと魅力的なケイト・クラークに感謝を捧げたい。ふたりはわたしたちの人生をすばらしいものにしてくれている。

訳者あとがき

ウォーレン・バフェット。この名前を聞いたことがなければモグリと言われるほど、彼は投資の世界では知る人ぞ知る存在ですが、最近では、投資と縁のない人たちのあいだでも、バフェットの知名度は上がってきているようです。やっぱり、《フォーブス》誌の世界長者番付の影響が大きいのでしょうね。かのビル・ゲイツに次ぐ世界第二位の金持ちというのは、相当インパクトが強いですし、いつも第二位というのも判官贔屓《びいき》の日本人には受けるのかもしれません。

実はバフェットとゲイツは友人同士で、バフェットは三百億ドル近い資産をゲイツ財団に寄付することになっています。なんともはや、スケールのどでかい人なのは確かなようです。

バフェットは一九三〇年生まれの七十七歳（二〇〇七年十二月現在）。幼いころから商才をかいま見せ、バリュー投資の祖であるベンジャミン・グレアムに師事し、独自の投資哲学で大成功を収めてきました。詳細は本書の中に書かれているとおりです。

現在は、投資家、慈善家、〈バークシャー・ハサウェイ〉社のCEOという三つの顔を持ち、〝オマハの賢人〟の敬称が示すように、ウォール街から遠く離れたネブラスカ州オマハで活動を行っています。私生活では、〈チェリーコーク〉をはじめとするジャンクフードが大好きで、食べ過ぎを株主に心配される場面は本書内でも紹介しました。

〈バークシャー・ハサウェイ〉は投資持株会社です。買収した〈GEICO〉や〈ネブラスカ・ファニチャー・マート〉などを子会社として所有し、〈コカ・コーラ〉、〈アメリカン・エキスプレス〉、〈ワシントン・ポスト〉などの株を保有しています。

バフェットが買収した当時の〈バークシャー〉は繊維業を営んでいましたが、本業の立て直しを断念し（バフェットにも挫折の経験はあるのです）、投資持株会社という形態に特化したわけです。本文中では、〝バフェットが企業を買った〟〝バフェットが株に投資した〟、というような表現が出てきますが、正確に言えば、〈バークシャー〉CEOのバフェットが〈バークシャー〉の業務として企業や株を買っているのであって、バフェット個人が〈コカ・コーラ〉などの株を持っているのではありません。じっさい、バフェットの資産の大部分は、〈バークシャー〉社自体の株なのです。

本書は、各章の冒頭でバフェットの警句を紹介し、ひとつひとつの警句に対してバフェット学（バフェットロジー）的解釈を加えるという形をとっています。存命中の人物の生き様を研究して、バフェット学なんて分野を立ててしまうというのも、考えてみればすごいことですよね。

本書はアメリカでも専門家の絶賛を浴びています。バフェットを老子にたとえるむきもあれば、本書をビジネス界の『毛沢東語録』と呼ぶむきもあるほどです。著者が推奨しているように、投資、ビジネス経営、キャリア選択、人生全般など、あらゆる場面で活用していただければ幸いです。

バフェットの警句を読むときには、真の思考能力が試されるということですから、ちょっとした脳みそのトレーニングとして、一日にひとつずつバフェットの言葉を噛みしめてみる、なんて楽しみ方もいいかもしれません。バフェットによれば、正しい投資を行なっておくという条件付きで、時間はわたしたちの味方になってくれます。つまり、あなたが若ければ若いほど、バフェットの警句から利益を得られる確率は高まるわけです。もしも、あなたがあまり若くない場合は、周りの若い方に本書を薦めていただければ幸いです。

二〇〇八年の幕開けを間近に控えた現在、世界の経済はさまざまな危機に見舞われています。サブプライム問題しかり、原油価格の高騰しかり。しかし、投資家に逆風が吹くこの状況下でも、秀逸な長期的経済性から好業績を引き出している会社は存在しています。そう、いまこそ、〝オマハの賢人〟の警句に耳を傾ける絶好の機会――

〝オマハの賢人〟の警句から利益を得る絶好の機会と言えるのではないでしょうか。

バフェットが日本で投資をするとしたら、いったいどんな企業を選ぶのか？　こんな視点で本書を読むのも一興かも知れません。思い返してみれば、数年前には日経平均が七千円台をつけていました。あれはまさに、〝近視眼的な証券市場が株を過小評価〟したものでした。あの当時に、〝クオリティの高い会社の株を、その価値に対して割安の値段で買い、長く長く保有しつづける〟というバフェットの勝利の方程式を採用していれば……。こう考えると、ほんとうに興味は尽きません。

バフェットは自分の成功の理由として、勤勉さと誠実さと〝常識〟を挙げました。読者のみなさんも投資を実行する際には、あくまでも〝常識〟と自己責任の範囲内でお願いいします。

二〇〇七年十二月

峯村利哉

〔訳者略歴〕
峯村利哉（みねむら・としや）
1965年生まれ。青山学院大学国際政治経済学部国際政治学科卒。英米の翻訳で活躍。
主な訳書：ズビグニュー・ブレジンスキー『ブッシュが壊したアメリカ』（徳間書店）、ケビン・ミトニック、ウィリアム・サイモン『ハッカーズ』（インプレスジャパン）、バール・ベアラー『ステルス』（竹書房文庫）、スティーヴン・シェリル『夢見るミノタウロス』、ロバート・ラドラム、ゲイル・リンズ『秘密組織カヴァート・ワン』、スチュアート・ウッズ『不完全な他人』（以上、角川文庫）ほか。

史上最強の投資家
バフェットの教訓
逆風の時でもお金を増やす125の知恵

第１刷――2008年１月31日
第16刷――2023年５月20日

著　者――メアリー・バフェット＆デビッド・クラーク
訳　者――峯村利哉
発行者――小宮英行
発行所――株式会社徳間書店
東京都品川区上大崎３－１－１　目黒セントラルスクエア
郵便番号 141-8202
電話　編集(03)5403-4344　販売(049)293-5521
振替00140-0-44392

印　刷――本郷印刷株式会社
カバー印刷――真生印刷株式会社
製　本――大日本印刷株式会社

ISBN978-4-19-862476-7

タートル流投資の魔術

カーティス・フェイス
楡井浩一［訳］

伝説のトレーダー集団の最高エリートが、門外不出のタートル流を初公開。年平均100パーセントの驚異のリターン、常勝無敗を誇る投資術のすべてを明かす。

世界を不幸にしたグローバリズムの正体

ジョセフ・E・スティグリッツ
鈴木主税［訳］

二〇〇一年ノーベル賞経済学者スティグリッツがアメリカのエゴとIMFの欺瞞を告発し人間の顔をしたグローバリズムの実現を唱える。全世界ベストセラー。

人間が幸福になる経済とは何か

ジョセフ・E・スティグリッツ
鈴木主税［訳］

クリントン政権の経済諮問委員長として経済立て直しに取り組んだスティグリッツ。気鋭のノーベル賞学者が90年代のバブル経済を検証し、21世紀のあるべき経済の姿を探る。

最強組織の法則

ピーター・M・センゲ
守部信之［訳］

二一世紀の企業が生き残る道は、安易な答えを見つけることなく、自ら学習機能を持った「ラーニング・オーガニゼーション」となることなのだ。世界で読まれたビジネスの名著。

ブッシュが壊したアメリカ

Z・ブレジンスキー
峯村利哉［訳］

アメリカ外交のご意見番が、先代ブッシュ・クリントン・現ブッシュのリーダーシップを検証し、新しい世界戦略を示す。中国の独走を阻止すべく、どう巻き返しを図るのか？

アメリカの新国家戦略が日本を襲う

日高義樹

アメリカの戦略の大変更を日本は知らなかった。もはや極東戦略は終焉し、アメリカは北朝鮮と国交を結びたいと思っているのだ。日本はもう「アメリカの子供」ではいられない。

中国で「売れる会社」は世界で売れる！

徐《じょ》向《こう》東《とう》

日本の家電製品はなぜ中国で苦戦するのか？日本企業はなぜサムスンに負けるのか？ 2億人に迫る「新中間層」が消費を牽引する中国。その経済最前線をリポートする。

オレは聞いてない！

斎藤潔

上司に報告したはずなのに「オレは聞いてない」と怒鳴られる。なぜ話がきちんと伝わらないのか。カリスマ・コーチが組織を活性化するコミュニケーション術を伝授する。